高职高专旅游类专业新形态教材

主题乐园运营实务

仪孝法 主 编
李 峥 魏立强 副主编

清华大学出版社
北京

内 容 简 介

本书包含主题乐园认知、主题乐园建设、主题乐园运营三部分，分别介绍了主题乐园概述、主题乐园的发展历程、主题乐园的开发建设、做好主题乐园的运营管理、做好主题乐园的人力资源管理、做好主题乐园的产品创新、做好主题乐园的营销工作、做好主题乐园服务质量的管理、提高主题乐园的财务管理水平等内容。本书在保持知识体系完整性的同时，注重内容的可接受度，增强了可接受性，易于理解与学习，行文风格通俗易懂，案例与理论互相补充，既反映了该书的理论价值，也体现了研究的实践价值。

本书可以作为高等职业院校旅游类专业教材，也可以作为相关企业的内部培训教材使用。

本书封面贴有清华大学出版社防伪标签，无标签者不得销售。
版权所有，侵权必究。举报：010-62782989，beiqinquan@tup.tsinghua.edu.cn。

图书在版编目(CIP)数据

主题乐园运营实务/仪孝法主编. —北京：清华大学出版社，2023.8
高职高专旅游类专业新形态教材
ISBN 978-7-302-63638-0

Ⅰ. ①主… Ⅱ. ①仪… Ⅲ. ①游乐场－运营管理－高等职业教育－教材 Ⅳ. ①G248

中国国家版本馆 CIP 数据核字(2023)第 094591 号

责任编辑：聂军来
封面设计：刘　键
责任校对：袁　芳
责任印制：丛怀宇

出版发行：清华大学出版社
    网　　址：http://www.tup.com.cn, http://www.wqbook.com
    地　　址：北京清华大学学研大厦 A 座　　　　邮　　编：100084
    社 总 机：010-83470000　　　　邮　　购：010-62786544
    投稿与读者服务：010-62776969, c-service@tup.tsinghua.edu.cn
    质量反馈：010-62772015, zhiliang@tup.tsinghua.edu.cn
    课件下载：http://www.tup.com.cn, 010-83470410
印 装 者：三河市天利华印刷装订有限公司
经　　销：全国新华书店
开　　本：185mm×260mm　　　印　　张：10.75　　　字　　数：243 千字
版　　次：2023 年 8 月第 1 版　　　印　　次：2023 年 8 月第 1 次印刷
定　　价：39.90 元

产品编号：094108-01

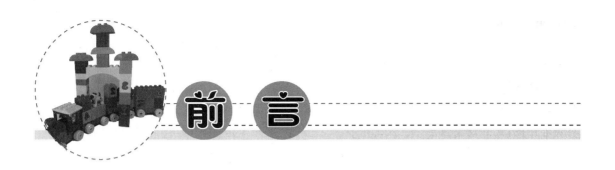

前 言

党的二十大报告指出：教育、科技、人才是全面建设社会主义现代化国家的基础性、战略性支撑。必须坚持科技是第一生产力、人才是第一资源、创新是第一动力，深入实施科教兴国战略、人才强国战略、创新驱动发展战略，这三大战略共同服务了创新型国家的建设。职业教育与经济社会发展紧密相连，对促进就业创业、助力经济社会发展、增进人民福祉具有重要意义。

主题乐园也称主题公园，是为了满足旅游者多样化休闲娱乐需求和选择而建造的一种具有创意性活动方式的现代旅游场所。随着经济社会的快速发展，不断增长的大众旅游需求为主题乐园的发展营造了市场环境。在全域旅游背景下大众化旅游时代，休闲度假已成为第一大出游动机，而科技与文化创意的有机结合，营造出的多样娱乐休闲场景，使得主题乐园成为颇受旅游者青睐的休闲选择之一。

从全国范围来看，主题乐园已成为旅游消费升级的新亮点。在中国旅游研究院发布的《旅游及景区消费报告》中，欢乐谷、迪士尼、常州恐龙园、长隆欢乐世界、宋城等都位列热门目的地前十名，主题乐园的热度一直不减。主题乐园经常性地"霸榜"长假热门景点，热度已超过传统景区。

同时，根据欧睿国际发布的《世界旅游市场全球趋势报告》，2020年，我国已成为全球最大主题乐园市场。我国的主题乐园零售额达到120亿美元，较2010年增长367%。

社会在不断进步，知识在不断更新。高等职业教育旅游课程在不断发展的过程中已经逐步形成了自己的规律和特点，而在教材的编写和使用上，越来越侧重对学生各种专业技能的培养。为此本书在编写过程中注重以下几点。首先，理论与实践相结合，实践知识以够用为度，理论深度以能被学生掌握为准。对学生实践技能的培养主要体现在主题乐园运营的各种操作规程的介绍上，力求具有实用性和操作性。其次，注重教学做一体化，便于学生学习。最后，在语言的使用上力求简明扼要、通俗易懂。

主题乐园运营实务课程以主题乐园、游客和主题乐园的管理与服务为研究对象，重点研究主题乐园运营工作规程及方法，是一门应用性、综合性非常强、涉及很多学科类别的课程，是旅游大类专业的核心专业课程之一。

本课程的培养目标是，使学生具备良好的思想素质、知识素质、业务素质和身心素质，在了解主题乐园运营基本原理的基础上，熟练掌握主题乐园工作程序及管理与服务的技能。

通过学习本书，学生可以掌握主题乐园的基本知识、基本理论，了解主题乐园经营与管理的基本原理及基本内容，了解主题乐园的概念、规划、建设、管理等相关内容，了解主题乐园的经营组织、人力资源管理、服务质量管理等内容，从而为学生从事主题乐园经营与管理奠定知识基础。

本书设计了新的编写架构,突出知识的实际运用,重点部分设置点睛知识点提示,课前有导入案例和课前导入任务单,课中学习设置了"做中学、学中做"活页填表活动,课中有实训任务,最后设置课后拓展及思考提示,进一步提升知识的运用,同时注意课程思政的运用与体现,较好地满足了职业教育注重理论与实践结合的需要。

本书主编曾在华侨城集团和上海迪士尼实践顶岗学习,征求了国内外主题乐园经营管理人员的意见和建议,教材中许多内容是主题乐园实践的结晶。本书由仪孝法担任主编,负责本书的设计、修改、统稿与定稿工作。参加编写的人员有:仪孝法(项目一~项目四、项目六~项目八)、华侨城集团的李峥(项目五)、日照海洋公园的魏立强(项目九)。

在本书的编写过程中,我们拜读了国内外许多专家和学者的相关著作,主题乐园行业是"年轻"而又快速发展的行业,其实践活动处在不断更新的过程中,理论知识也需要不断地总结、提高。因此,在某种意义上,编写人员的知识总会存在局限性,书中难免有一些尚不能反映主题乐园运营最新实践的不足甚至是错漏之处,敬请专家和读者不吝指正,以便再版时修订完善。

编 者

2023年1月

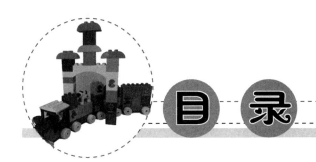

目录

第一部分 主题乐园认知

项目一 主题乐园概述 /3

项目二 主题乐园的发展历程 /19

第二部分 主题乐园建设

项目三 主题乐园的开发建设 /31

第三部分 主题乐园运营

项目四 做好主题乐园的运营管理 /51

项目五 做好主题乐园的人力资源管理 /66

项目六 做好主题乐园的产品创新 /98

项目七 做好主题乐园的营销工作 /117

项目八 做好主题乐园服务质量的管理 /135

项目九 提高主题乐园的财务管理水平 /146

参考文献 /163

第一部分　主题乐园认知

学习目标

（1）了解主题乐园的类型及特点。了解迪士尼的中国战略、上海迪士尼发展历程及其创始人迪士尼的故事。

（2）熟悉国外主题乐园的发展历程和国内主题乐园的发展历程。熟悉主题乐园的行业特征及未来可能的发展趋势。

（3）掌握主题乐园的内涵和主题乐园发展的一般规律。

项目一

主题乐园概述

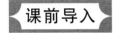

吞金兽北京环球影城：投资 500 亿元、贷款 300 亿元，多久能回本？

作为中国第一座、全球第五座环球影城，北京环球影城是以电影场景为核心建立的主题乐园。据太平洋证券研报，北京环球影城一期投资达 500 亿元，三期总投资计划在 700 亿元至 1000 亿元。三期全部建成后，北京环球影城总规模将超奥兰多主题乐园，成为全球最大环球主题乐园。据《北京日报》报道，环球影城项目银团总金额近 300 亿元。多久回本成为业界关注的热点。中国主题公园研究院院长林焕杰曾表示，主题公园投资大、回收慢、风险大。初期投入只是开始，未来还需要长期经营、维护、维修、保养和升级的投入。有分析人士认为，在经典 IP 提供流量并拉高转化率方面，北京环球影城优势明显。北京环球影城可以用纪念品、美食、酒店服务等体验提高单价和复购率，进而刺激游客二次消费。国际市场分析机构提供的数据显示，预计 2020 年至 2027 年复合年均增长率（CAGR）将达 7.2%，2027 年市场规模将达 138 亿美元。中国旅游研究院院长戴斌表示，从公开数据来看，环球度假区仅配套投资就达 530 亿元，按照 3 倍投资乘数计算，直接及间接共拉动投资近 2000 亿，加上园区投资，年均拉动北京市地区生产总值 1.02 个百分点，正式开园后北京环球影城每年将对北京旅游收入产生 4.8% 的带动作用。北京环球度假区背靠京津冀巨大的人口消费市场，且京津冀地区目前还没有类似环球影城性质的同等级主题乐园，消费体量可期。从中长期来说，在全球新冠疫情得到全面控制后，北京作为文化中心和国际交往中心，还会释放入境游的巨大潜力。首旅集团副总经理于学忠表示，北京环球度假区每年预计接待游客数量在 1000 万至 1200 万人次，将直接拉动本地近千亿元的文旅消费市场。

（资料来源：郭子硕.吞金兽北京环球影城：投资 500 亿元、贷款 300 亿元，多久能回本？[EB/OL]. https://xw.qianzhan.com/analyst/detail/329/210928-b9e5c019.html.(2021-09-29)[2021-06-01].)

本案例中环球影城是如何看待中国主题公园发展趋势的？它的投资一定会成功吗？它会面临哪些挑战？主题公园到底是什么？

课前导入任务单

任务名称	什么是主题乐园	时间		班级	
成员名单					
任务要求	从现象方面能初步对主题乐园有所认知				

1. 查阅北京环球影城相关材料,请描述北京环球影城的哪些方面让您印象深刻？

2. 北京环球影城的旅游资源有哪些特点？

3. 通过北京环球影城的案例,请思考我国在发展具有中国特色的主题乐园方面有哪些值得借鉴的地方？

4. 请写出你所知道的主题乐园。

完成效果自评	优秀	良好	合格	不合格
成员姓名				

课中学习

一、主题乐园

现代主题乐园在国际上的发展已经有了多年的历史,但主题乐园的基本概念在国际上并没有公认的严格定义。美国国家娱乐公园历史协会认为,主题乐园是指乘骑、景点、表演和建筑都围绕一个或一组主题而建的娱乐公园。美国"主题乐园在线"给出的定义是,这样一个公园,它通常面积较大,拥有一个或多个主题区域,区域内设有表明主题的乘骑设施和吸引物。最初,我国习惯把主题乐园称为"人造景点"或"人造景观"。被誉为"中国主题乐园之父"的马志民认为,人造景观本身多由静物组成,具有一定的文化内涵和艺术欣赏价值,即便作为旅游景区,还应具备趣味性、娱乐性及参与性等基本属性,方能吸引不同层次、不同目的、不同兴趣的游客前来。随着国内的研究和实践的深入,主题乐园的概念逐渐取代了人造景观的概念,并有着不同的定义。周向频认为,主题乐园是一种以游乐为目标的拟态环境塑造,或称为模拟景观的呈现,它的最大特点就是赋予游乐形式以某种主题,围绕既定主题来营造游乐的内容与形式,园内所有的色彩、造型、植被等都为主题服务,共同构成游客容易辨认的特质和游园的线索。保继刚给出的定义是,主题乐园是一种人造旅游资源,它着重于特别的构思,围绕一个或多个主题创造一系列有特别的环境和气氛的项目吸引旅游者。董观志则将主题乐园定义为,为了满足游客多样化休闲娱乐需求和选择而建造的一种具有创意性游园线索和策划性活动方式的现代旅游目的地形态。楼嘉军认为,主题乐园是现代旅游业在旅游资源开发过程中产生的新的旅游吸引物,是自然资源和人文资源的边际资源,是信息资源与旅游资源相结合的休闲度假和旅游活动空间,是根据一个特定的主题,采用现代科学技术和多层次空间活动的设置方式及诸多娱乐活动、休闲要素和服务接待设施于一体的现代旅游目的地。钟士恩认为,主题乐园是根据一个共同的或一系列的主题设计,结合了景观、环境、游乐设施、表演和展览等内容的综合性休闲娱乐场所。

主题乐园的定义

【做中学、学中做】 请归纳各种主题乐园的内涵定义及其异同关系,填写表1-1。

表1-1 各种主题乐园的内涵定义及其异同关系

定义人	各 种 定 义	异同关系

【点睛】 主题乐园是为了满足旅游者多样化休闲娱乐需求和选择而建造的一种具有创意性活动方式的现代旅游场所。它是根据特定的主题创意,主要以文化复制、文化移植、文化陈列以及高新技术等手段,以虚拟环境塑造与园林环境为载体来迎合消费者的好奇心、以主题情节贯穿整个游乐项目的休闲娱乐活动空间。2017年12月1日起,《公共服务领域英文译写规范》正式实施,确定主题乐园标准翻译为:Theme Park。但各种主题乐园各有侧重,各有优势和不足,因而本书认为,主题乐园是根据某个特定的主题,采用现代科学技术和多层次活动设置方式,集诸多娱乐活动、休闲要素和服务接待设施于一体的现代旅游目的地。

二、主题乐园的特点

(一)主题的独特性

主题的独特性是主题乐园的命脉,鲜明特色和独特个性的主题是主题乐园的灵魂,也是影响旅游者休闲娱乐取向的魅力之源。成功的主题乐园都有浓烈的主题特色,区别于同类产品的独特形象。深圳锦绣中华的"一步迈进历史,一日畅游中国",长沙世界之窗的"世纪之光"等,都是典型的独创性主题。为了满足游客的多样化需求与选择,深入挖掘主题,创造独特主题,已成为世界各国主题乐园发展的立足点。

(二) 特色的大众性

主题乐园具有通过"主题"解释文化和传递文化的功能,它着重满足的是旅游者精神生活上的需求,提供的是一种对文化的体验过程。由于面向的是大众旅游者,所以无论选择的是民俗文化、历史文化、科幻文化还是休闲娱乐文化,都必须注重其文化特色大众化,而不能刻意追求文化的高深品位。另外,所选取的主题文化必须尽可能与当地的地域文化相结合,体现其地域特色性。比如在"恐龙故乡"四川自贡和山东诸城选取恐龙文化为乐园主题文化就是一个好的选择。

(三) 效益的广泛性

迪士尼乐园的良性发展带来了奇迹般的高效益,这种高效益是经济、环境、社会的高度融合。一是迪士尼乐园和其他的主题乐园一样,通过其外溢贡献促进地方经济的发展,成功的主题乐园在大区域范围内对创造就业、刺激消费、促进整个经济发展等方面的作用显著。主题乐园的开发也会使邻近的地区受益,不仅交通运输和宾馆酒店收益显著,主题乐园邻近的土地也会迅速升值。中山大学旅游学院院长保继刚教授在中国主题乐园全面进入国际化竞争时代圆桌会议上所作发言中披露:"2009年11月4日,就在上海公布迪士尼乐园获批消息后的1.5小时,紧邻迪士尼规划用地的浦东新区川沙新市镇A08-03地块进行了拍卖。仅仅15分钟,这块被业界视为'迪士尼概念'用地的地块,就以11.9亿元的总价'一锤定音',溢价率高达260.61%,超过当年上海溢价率最高的'地王'——赵巷10号地块的水平,折合楼面价格为14024元/平方米。"二是主题乐园属于绿色事业,它拥有包容大面积绿地和造就高素质生态环境的能力。为了成为旅游者的旅游、休闲、娱乐中心,主题乐园十分重视环保工作,为营造更美好的生态环境付出巨大的努力,大量种植植物,引进动物,有些主题乐园甚至直接把生态作为主题。三是成功的主题乐园是遵从人类审美规律,运用文化、美学、高科技等手段构筑一个理想化的世界。它在吸引万千游客前来游玩的同时,也以其特有的文化价值形式影响着游客,进而影响到整个社会。

(四) 参与的体验性

主题乐园内的人造景观本身多数由静物组成,具有一定的文化内涵和艺术欣赏价值,但作为旅游景区,还应具备趣味性、娱乐性及参与性等基本属性,方能吸引不同层次、不同目的、不同兴趣的游客前来。世界三大主题乐园之一的环球嘉年华在每年巡回展中都能够推出适合当地游客的参与性强的软游艺项目。这些游艺项目不仅方式新颖,而且奖品丰厚,在嘉年华乐园疯狂与欢乐的氛围内,游客们争先恐后地参与这些软游艺项目。因此,主题乐园需要设计一些能够突出自身主题特色的参与性强的游艺项目。

(五) 经营的专业性

主题乐园的兴建是一项庞大的系统工程,一般投资规模比较大,主题乐园的投资主要包括四个方面：主题策划的费用、制造建设的成本、项目更新的投入、管理人员和工作人员的培训费与薪酬等。以国外的主题乐园为例，在主题策划阶段，国外的主题乐园要花费大量的时间和费用进行调研、可行性分析和主题的策划及项目规划。建设中，由于场景的真实性要求，公园建设的成本很高，而且这些场景一旦建成，很难再改作他用，这也是主题乐园成本的主要构成。主题乐园建成以后，投资并未结束，还要源源不断地注入资金进行项目更新，另外，维持日常运营的费用也比较高。

【做中学、学中做】 请归纳主题乐园的特点及其例证或释义，填写表1-2。

表1-2 主题乐园的特点及其例证或释义

主题乐园的特点	详 细 释 义	例　　证

三、主题乐园的类型

（一）按照主题内容划分

主题乐园的类型

根据主题内容划分为微缩景观类、民俗景观、仿古建筑类、影视城类、动物景观类、主题游乐园类等。

（1）微缩景观类主题乐园是指在一定空间内同比例建造或缩建各地著名景观，使游客能在短时间内游览各地风景名胜。这种类型代表性的主题乐园有深圳的"锦绣中华"和"世界之窗"。两者均是香港中旅国际投资有限公司和深圳华侨城股份有限公司合资兴办的。"锦绣中华"浓缩了我国各地的古建筑、山水名胜、民居民俗，是目前世界上最大的实景微缩景区。"世界之窗"则汇集了世界各地的奇观、历史遗迹、古今名胜、民间歌舞表演等，包括世界著名景观埃及的金字塔、柬埔寨的吴哥窟、美国的大峡谷、法国的凯旋门、印度的泰姬陵、澳大利亚的悉尼歌剧院、意大利的比萨斜塔等。这些景点分别以1∶1、1∶5、1∶15等不同比例仿照建造，气势恢宏，十分震撼。

（2）民俗景观、仿古建筑类主题乐园将不同的民俗风情、民族特色展现在游客面前，让游客可亲身体验不同地域不同民族的风俗习惯。其代表之一就是位于深圳的中国民俗文化村。中国民俗文化村是中国第一个荟萃各民族民间艺术、民俗风情和民居建筑于一园的大型文化旅游景区。园区内建有1∶1比例的20多个民族特色村寨。通过民族风情表演、民间手工艺展示、定期举办大型民间节庆活动，如华夏民族大庙会、泼水节、火把节、西双版纳风情月、内蒙古风情周等多种方式，多角度、多侧面地展示出我国各民族原汁原味、丰富多彩的民风民情和民俗文化，让游客充分感受中华民族的灵魂和魅力。

（3）影视城类主题乐园是指为了影视剧的拍摄需要而建造的场景群，横店影视城、无锡影视城等均是其代表。横店集团旗下的横店影视城位于浙江省金华东阳市横店镇，处于江、浙、沪、闽、赣四小时交通旅游经济圈内。它是包含秦王宫、明清宫苑、广州街·香港街、清明上河图、明清民居博览城、华夏文化园、梦幻谷、屏岩洞府、大智禅寺等景区在内的中国最大的影视体验主题乐园群，拥有20场大型演艺秀的中国旅游演艺之都，集影视旅游、度假、休闲、观光于一体的大型综合旅游度假区，也被美国《好莱坞》杂志称为"中国好莱坞"。

（4）动物景观类主题乐园包括野生动物公园、海洋世界等。此类主题乐园的代表有长隆野生动物世界、青岛极地海洋世界等。地处广州番禺的长隆野生动物世界隶属全国首批、广州唯一国家级AAAAA旅游景区长隆旅游度假区。公园以大规模野生动物种群放养和自驾车观赏为特色，集动、植物的保护、研究、旅游观赏、科普教育于一体，被誉为中国最具国际水平的国家级野生动物园，是全世界动物种群最多、最大的野生动物主题乐园。大连海昌集团投资建设的青岛极地海洋世界是一个包含海洋动物展示、极地动物展示、海洋极地动物表演以及海洋科技馆、渔人码头等主题的综合性海洋主题乐园。

（5）主题游乐园主要为游客提供刺激的游乐设施和游戏活动，这类主题乐园往往最受游客喜爱。这类主题乐园的代表有华侨城集团旗下的欢乐谷和华强集团旗下的方特欢乐世界和方特梦幻王国。欢乐谷从1998年起先后在深圳、北京、成都、上海、武汉、天津六个城市开门营业，主打游乐项目有欢乐时光、飓风湾、金矿镇、魔幻城堡、香格里拉和蚂蚁城堡等。由华强文化科技集团设计研发的中国人完全自主知识产权的大型高科技第四代主题乐园——方特欢乐世界和方特梦幻王国先后在芜湖、沈阳、青岛、泰安、天津、株洲、郑州、汕头、重庆、南通、厦门等城市投入运营，主要游乐项目有飞越极限、海螺湾、火流星、暴风眼、恐龙危机等。

（二）以规模大小划分

根据主题乐园的接待量、投资量和占地规模可将主题乐园划分为大型目的地主题乐园、地区性主题乐园、游乐园、小规模主题乐园和科教景点等。

（三）以景区主要内容划分

根据景区主要内容，可以将主题乐园分为以下七类。
（1）民俗风情类：例如，云南的民族村、深圳的锦绣中华等。
（2）自然生态类：例如，深圳的青青世界、广州的香江野生动物世界等。
（3）历史文化类：例如，北京的大观园、无锡的三国城和水浒城等。
（4）博览博物类：例如，深圳的世界之窗、泰安老爷车博览馆等。
（5）未来科技类：例如，广州的航天奇观等。
（6）影视文化类：例如，无锡的唐城、雪乡等影视基地、横店等。
（7）欢乐休闲类：例如，香港的迪士尼乐园、深圳的欢乐谷、大连的发现王国等。

（四）按体验类型划分

按照体验划分，主题乐园可以分为观光型、情景模拟型、风情体验型、主题型、游乐型。风情体验型、主题型、游乐型为主流方向，观光型、情景模拟型是初级阶段产品，现阶段已成为各类主题乐园基本配置。

【做中学、学中做】 请归纳总结主题乐园的类型,选定其代表企业,填写表1-3。

表1-3 主题乐园的类型及其代表企业

分类依据	具体类型	典型企业

四、主题乐园的行业特征

（一）主题选择,主题文化决定着客源的规模与结构

主题是主题乐园的灵魂,是主题乐园区别于其他商业娱乐设施的根本特征。成功主题乐园的运作经验表明,主题乐园的主题必须鲜明,针对特定的细分市场,满足特定客源的需求。主题结构可以是一个主题多个次主题,也可以是一园多个主题。

（二）品牌资源,品牌对于资源整合、连锁扩张的意义重大

品牌作为联系主题乐园的纽带,对扩大主题乐园规模、提升服务质量、整合市场资源、强化市场营销具有极为重要的作用。同一品牌的主题乐园不仅可以互通人才、信息,而且可以共享市场。同时,品牌所有者还可以通过品牌经营实现高额回报。从国外主题乐园的发展来看,其快速发展大多采取连锁经营的发展模式,即通过一定品牌的连锁经营来逐

步扩大市场份额,其中最为典型的就是迪士尼乐园,它通过在全球各地建立各种不同主题的乐园来实现快速扩张。迪士尼主题乐园特许经营费一般为乐园总收入的7%,管理费为乐园总收入的2%。

(三)持续创新,持续创新是运营主题乐园的核心诉求

主题乐园要以持续不断的创新发展作为后续支撑,只有不断丰富内涵,不断开发新项目,才能给游客带来持续的新鲜感和延续其吸引力。主题乐园超越生命周期定律的关键在于以景区载体为依托进行内涵动态化的景区旅游策划创新。以日本东京迪士尼为例,其成功运营的经验之一就是永远处于建设之中,让游客不断尝试新的乐趣和体验。

(四)首重选址,选址是主题乐园的成功基石

主题乐园区位选择需要注意两方面的结合。一是交通便利与都市功能的结合,既要考虑游客往返的便利性,又要考虑周边服务配套设施功能,同时为未来发展预留一定空间也很重要。二是区域环境与居住商流的结合。商流是流动客源的重要组成部分,同时要关注当地居民的经济和文化层次,以及数量,这对其能否成为景区固定客源具有直接影响。

(五)运营管理,运营是主题乐园效益的来源

运营就是主题乐园对管理与服务过程的计划、组织、实施和控制。运营管理是与产品生产和服务创造密切相关的各项管理工作的总称。从另一个角度来讲,运营管理也可指为对生产和提供公司主要的产品和服务的系统进行设计、运行、评价和改进的管理工作。

【做中学、学中做】 请列举主题乐园行业的特征,选定其代表佐证案例,填写表1-4。

表1-4 主题乐园行业的特征及其佐证案例

主题乐园行业的特征	佐证案例	相互关系

五、主题乐园未来可能的发展趋势

在游客需求和技术机会的作用下,21世纪的主题乐园已经跃上了一个全面创新的发展阶段,大体呈现出以下十个方面主题乐园的发展趋势。

(一)主题的文化性和多元化

在主题乐园成长过程中,主题具有三方面的作用。第一,它是一种具有亲和力的逻辑关系,有了这种关系,主题乐园与目标游客群体之间就能互动起来;第二,它是一种具有震撼力的游园线索,有了这种线索,游客置身其中就能体验到特殊的感受;第三,它是一种具

有扩张力的产品链条,有了这种链条,主题乐园就能不断完善产品体系和提升产品功能。现代旅游行为学研究表明,旅游本质上是旅游者寻找与感悟文化差异的行为和过程。主题乐园在主题选择方面应更加关注旅游动机,即旅游行为的本质,突出主题的文化性。随着社会开放进程的加快和跨国经济合作的深化。旅游者对异域文化的好奇心与求知欲将越来越强烈,跨地域空间的文化将成为主题乐园选择主题的主导方向。随着社会转型冲击的加剧和人际关系隔膜的增长,旅游者对传统文化的认同与反思将越来越深入,返璞归真的传统文化将成为主题乐园选择主题的价值取向。随着造园技术的日益进步和表现手段的日益丰富,在生态文化器物文化哲学文化等方面,主题乐园选择主题的自由度将明显扩大,而且一个主题多个次主题或一园多个主题,将成为现实。可以说,主题的选择在空间维度、时间维度和要素维度的架构中将日益多元化。总体趋势表现为在本土文化与异域文化之间,趋向异域文化。在传统文化、现代文化与未来文化之间,趋向传统文化。在生态文化、器物文化与哲学文化之间,趋向器物文化。

（二）产品的互动性和现代化

随着科学技术的加速度发展,信息技术和虚拟技术的日益普及,主题乐园将不断提高产品的科技含量。增强技术与技术之间、技术与项目之间、项目与游客之间的互动性。总体趋势表现为:第一,在手工产品形态、机器产品形态和信息产品形态的体系中将更加具有互动性,相互渗透,相互作用,促进产品形态的多样化;第二,在高科技的支持下,新动力、新材料、新性能的机器产品形态将不断涌现,高度更高、坡度更大、速度更快、眩晕感更强、安全更有保障的乘骑产品将更加丰富,甚至在一定时间尺度内将成为主流;第三,随着信息时代的到来和虚拟技术的成熟,主题乐园产品形态的智能化和虚拟化将不断加快进程。可以说,在现代技术的导引下,主题乐园产品形态已经进入概念创新的发展阶段。

（三）娱乐的创意性和多样化

主题乐园是从杂耍的概念孕育起来的,最开始,大家去游玩就是为了快乐。实际上,这就是主题乐园天然的特性,即快乐才是第一的。因为游客追求快乐的人生理念没有变,所以主题乐园营造快乐、奉献快乐的本性不会变,在未来的一定时间尺度内,主题乐园在产品内容上将更加追求娱乐性,随着文化的多元化、技术的现代化以及游客娱乐需求的多样化,主题乐园将在导游系统、餐饮系统、购物系统、表演系统、乘骑系统和氛围营造系统等方面丰富表演性内容,强化参与性内容,增加互动性内容,甚至推出创意性内容,亲子娱乐内容、情侣娱乐内容和团队娱乐内容将日益丰富和更加精彩。

（四）活动的参与性和个性化

主题乐园主要受景区知名度、交通便捷度和游客满意度三大关键因素的影响。而景区知名度和游客满意度在很大程度上是由有效的产品供给决定的,参与性和娱乐性是决定产品有效供给的基本条件。因为产品只有具有了参与性和娱乐性,才能形成感召力和亲合力,从而使主题乐园与游客之间的良性互动关系。在我国主题乐园中项目与游客之间的关系,经历了景静人静、景动人静、景动人动、动静结合的演变过程。在这个过程中,项目的参与度明显提高,深圳华侨城从锦绣中华、中国民俗文化村、世界之窗、欢乐谷的发展历程,就是一个不断强化参与性的典型代表。主题乐园未来的市场主体是20世纪90年代以后出生的社会群体。这个群体是一个坚持己见积极为自己的主张辩护、求新求变、注重自主性选择的群体。这个群体消费行为的显著特征就是个性化。随着现代科技手段的全方位应用,主题乐园产品形态演变的总体趋势表现为参与性越来越强,个性化越来越突出。

（五）游乐的刺激性和场景化

随着个性化时代的到来,年轻人渴望体验一种"酷"的感觉,"玩酷"与"炫酷"成为一种时尚,只有提供"酷"的感觉,对年轻人产生了震撼力和感召力,主题乐园才具有旺盛的生命力。实际上,主题乐园从诞生的那一天开始,就致力于通过营造娱乐氛围来强化这种感觉。可以说,主题就是娱乐氛围的故事线,视线就是娱乐氛围的风景线,动线就是娱乐氛围的情感曲线,在"玩酷"一代成长为市场主导力量的背景下,主题乐园应更加注重娱乐氛围的创新和营造,总体趋势表现为:一是更加鲜明的主题和次主题,将构成剧情化的主题体系;二是根据主题体系,实行分区营造,形成氛围的有机组合;三是分区营造的氛围,将更加场景化,每个场景具有独立的个性,场景的造型、颜色、尺寸、材料和性能等方面将更加具有创意性和刺激性,造型视觉化、颜色多彩化、材料逼真化、性能精致化、故事文本化、神话故事、童话故事、传奇故事和历史故事等有文献依据的故事;四是声光电技术的广泛应用,场景的艺术效果将更加真实和精彩。

（六）景观的真实性和自然化

景观环境是旅游者的游乐空间和情感体验对象,奠定了主题乐园品位效应和品牌形象的基础,我国主题乐园在景观环境塑造方面,经历了人造仿景观、人造真景观,真景观与仿景观的组合的演变过程。随着消费意识的日益成熟,旅游者对游乐空间和情感体验对象的要求不断提高和深化,而且出现了追求本原性、真实性景观环境的倾向,因此主题乐园在塑造景观环境方面就必须跟进这种趋势。这个方面的实现有三个基本途径:一是应用有形实物,直接设计和建设具有艺术气息与文化氛围的景观环境;二是充分应用虚拟现实技术,创造出具有想象力的人格化景观环境;三是综合应用有形实物和虚拟现实技术,塑造出真中有假,假中有真,真真假假的非日常的舞台化世界,在景观环境回归真实性的演进过程中,景区将根据主题,尽量按照自然的本来面貌进行绿化,惟妙惟肖地创造出具有天然意义的景观环境。可以说,自然、野性,甚至凌乱的景观环境将成为主题乐园的主流趋势。

（七）消费的便捷性和超市化

从人口统计学的角度看,我国的主题乐园消费群体根据出生年代的差异,可以划分为五个年代:"60后""70后""80后""90后"和"00后",这五个年代的群体在价值观和消费特征方面具有明显的差异。未来十年或者更长的时间里,我国主题乐园游客的主体仍是"80后""90后"及"00后",这三个年代的游客群体是在信息技术不断发展的条件下成长起来的。

(八) 滞留的扩张性和多日化

随着主题乐园文化的多元化、技术的现代化、娱乐的多样化、项目的个性化、氛围的场景化以及园林的自然化,景区内的活动丰富程度将不断提高。这样就必然引起主题乐园投资额度和用地规模的扩大,甚至形成主题乐园群,这种扩大将导致主题乐园产业链向房地产、零售业、金融保险业、技术咨询业和文化艺术等边缘产业延伸。出现以主题乐园群为依托的主题社区,从而成为独立形态的旅游目的地。因此,游客活动时间将从常见的6～7小时明显延长至多日,多日游概念的主题乐园将成为一种具有扩张潜力的发展模式。

(九) 游乐的安全性和舒适化

人类社会在与自然的长期博弈中逐步走向理性和人性化,生命和健康已经成为现代社会成员的第一选择,其次才是尊重和从容。作为满足人们休闲娱乐需求的主题乐园,必须从根本上具备安全性和舒适性,才能成为现代社会旅游者的必然选择。所以,主题乐园在游乐产品、娱乐内容、活动方式和氛围渲染等方面的设计、制造、安装、运行、维护、经营、管理等过程中将充分体现安全理念和落实保障措施。全程化地确保游客的生命安全、园区内游客动线的安排、服务设施的配置、游乐项目的组合、景观环境的建设等方面将更加注重游客休闲娱乐的方便性和舒适性,充分张扬顾客第一的人性化服务理念,使主题乐园真正成为人们实现欢乐理想的旅游目的地。

(十) 主题乐园的概念不断扩大化

随着产业发展的渐趋成熟,主题乐园产业范围不断扩大,产品形态和概念不断变化和延伸。从产品供给角度看,许多人造旅游景点都朝着主题乐园发展模式去规划、设计、创意和运营,如森林公园、湿地公园、雕塑公园、野生动物园、影视基地和园林博览会等,都在以主题乐园的产业方式开发建设。

六、一家收门票的购物中心——东京迪士尼乐园

东京迪士尼乐园的独特案例

游乐园是不少人的"Dream Land",可以让人忘却很多烦恼。但事实上,并不是所有的游乐园都是盈利的,即便是同样的产品,在不同经营者里也有可能走向截然不同的命运。法国巴黎的迪士尼开业至今有20多年是亏损的。相较而言,东京迪士尼的表现则可圈可点,凭借着95%的回头率,书写了全球最盈利迪士尼的行业传奇。

在这背后,精细化运营的能力无疑至关重要。然而关于东京迪士尼的传说虽多,能够真正拆解其运营能力的人却少之又少,其中东京迪士尼原运营总监齐藤茂的精彩演讲观点值得借鉴。

东京迪士尼并不是世界上最大的迪士尼乐园,但无疑它是全世界客流量最大、盈利能力最好的一家迪士尼。背后原因有哪些呢?本书认为,可能有以下几点。

（一）拥有独立经营权

东京迪士尼是全世界唯一一家全民营资本运营的迪士尼乐园，其母公司是"东方乐园公司（Oriental Land Company）"。迪士尼乐园由于面积巨大，设施豪华，属于非常大型的土地开发项目，因此，各个国家都选择了政府参与开发的形式。比如法国迪士尼、我国香港迪士尼和上海迪士尼，都是由迪士尼母公司和当地政府合资进行的开发。东京迪士尼是华特迪士尼诸多海外迪士尼乐园中，唯一一个没有美国母公司和政府参与的度假区。按照特许经营品牌授权模式，每年东京迪士尼将门票销售收入的10%、商品与食物销售收入的5%交给华特迪士尼作为特许经营费用。在通过自身的努力之后，东京迪士尼克服了资金上的困难，并实现了长达几十年的辉煌运营。

（二）不依赖门票收入

和其他各大主题公园严重依赖门票收入不同，据2018年东京迪士尼的财报数据显示，东京迪士尼的收入主要由门票收入、商品销售和餐饮三个部分构成。具体来看，门票收入和二次消费的收入比例分别为38%和62%。从利润贡献率来看，在商品和餐饮两大业务板块，东京迪士尼的毛利率都接近60%，远高于公司整体40%的毛利率。其实早在东京迪士尼乐园开业之前，其商业计划书上就有一条内容叫作"背后的主题"。什么是"背后的主题"？简单来说，这个游乐园对外的主题称为"东京迪士尼乐园"，其实是一个收门票的购物中心。在东京迪士尼，每年都要开发6000款新商品。东京迪士尼要选择自己开发商品主要是因为美国迪士尼的纪念品太难看了，手感也不好，消费者不愿意用。所以东京迪士尼的商品和纪念品都是在自己做，这些商品和纪念品每年的销售额大约为81亿元人民币，甚至超过了很多零售企业。而中国游乐园的纪念品单价大约是10元人民币，即便如此也很少人买。东京迪士尼的纪念品单价大约在280元人民币，并且为迪士尼乐园贡献了60%以上的收入。这背后是有很多方法论在里面的。比如东京迪士尼在做一个毛绒玩具的时候，做之前就会想好它的使用场景，是抱着用的，还是背着用的，是拿来玩的，还是拍照用的，然后在不同使用场景中，对这个玩具进行相应的宣传。

此外，东京迪士尼的玩偶非常安全耐用。一般来说，东京迪士尼的玩偶里面没有任何的化学药剂，上面也没有任何的拉链或者可能划伤皮肤的材料，因此不管多小的孩子抱着玩耍都十分安全。此外，这些玩偶的质量也非常好，即便每天玩它，基本上五年都不会坏。因此很多人不仅会自己买，还会买来送给朋友，买完这款之后，看到新品之后还会接着买。这是东京迪士尼玩偶和其他游乐园周边不同的地方。而东京迪士尼的门票相对来说没有那么贵，主要原因在于，园内二次消费贡献的利润会相对来说比较大。

（三）高复游率

东京迪士尼的理念是，与其花费精力去开拓新用户，不如服务好老客户，深挖客户痛点，打磨服务，让老用户留下来。东京迪士尼拥有全世界认为不可思议的超高回头率——95%。在日本，没有人去迪士尼只去一次的。有一组数据可以帮助我们更好地理解——东京迪士尼从开园起至2015年年底,游客总数已达到6.5亿人次,而日本全国人口为1.257亿。也就是说,东京迪士尼开业以来平均每个日本人去了迪士尼四次以上。

东京迪士尼是如何抓住游客的心的?举几个例子。比如在花车游行的项目里,东京迪士尼选择的都是一些长相普通的女孩子。因为如果都是特别漂亮的女生在花车上,大家的注意力就会被她们带走,但花车表演真正的主角应该是米奇和米妮。与此同时,东京迪士尼要求所有参与表演的演员,都必须百分百地投入表演中。再如东京迪士尼会为那些来园过生日的孩子贴上一个生日快乐的标签。而花车游街时,演员一定要一边表演一边观察周围孩子的身上有没有这个标签。如果看到的话,必须冲到这个孩子的面前,和他说生日快乐,并击掌握手。这是演员每日的工作流程里面清楚规定的一环。曾经有个孩子,在幼儿园一直被人欺负,因而性格有些自闭。一次五岁生日时,他的父母带他来迪士尼游玩。花车表演时,演员跑过来给他祝福时,让他惊喜到号啕大哭。他没有想到,自己喜欢的英雄角色,会一个个跑过来和他说生日快乐。过去,人们常常对服务有一个错误的认知,总是觉得要做出一件惊天地泣鬼神的事情,才能给客户带来惊喜。然而事实并非如此。有的时候,我们只是把理所应当的事情,做到理所应当的好,客人就会非常惊喜,因为我们的同行常常做不到。

(四)一套依靠"兼职"就可以运营的人力体系

东京迪士尼有一个非常精准的数据系统,每天入园人数的预测和最后到底卖了多少张票,误差极小。在东京迪士尼,系统可以根据入园的人数,来精准地设定员工出勤的人数,并且能够做到按时段精确地调整。在此基础上,东京迪士尼打造了一套依靠"兼职"就可以实现运营的体系。系统可以根据客人的波动数据,来灵活调整员工出勤的时长,做到人工成本的精确控制。而在如此特殊的人力结构下,东京迪士尼的工作流程和工作文化建设就显得异常重要。为了防止突发状况的发生,东京迪士尼在进行员工训练时,都会反复教授一套独有的"SCSE法则"(Safety、Courtesy、Show、Efficiency),协助员工建立一套可用于任何状况的思考原则。

除此之外,东京迪士尼餐厅的每一款菜品数量,甚至都有精确的规划。比如某一款甜品,这家餐厅根据入园人数来判断准备了610个,最后的情况是卖掉了608个,仅有两个没有卖出去,大大减少了原材料的浪费。这样精确的控制,在普通的餐厅是无法做到的,在减少原材料浪费的基础上,大大提高了园内餐厅的利润。相反,正是因为没有浪费,所以在给餐点定价的时候价格可以定得相对合理。这也是为什么很多中国游客去了东京迪士尼之后,觉得园内消费甚至还挺便宜,和园外的消费水平几乎没什么变化。

在东京迪士尼,员工常年被灌输着精准的思维。如果你问一个餐厅员工,现在餐厅里有多少客人?他必须回答一个精确的数字。这样严格的要求渐渐变成了公司的习惯和文化。各个节点报上来的数字都是非常精准的。反过来说,这样的数据连续积累35年之后,才能做到如此精确的预测,用这样精确的数字来做运营,不赚钱是非常难的。

(五)一家"永远不会完工"的游乐园

去过东京迪士尼的朋友都知道,东京有两个迪士尼乐园,一个是"Disney Land",另外一个是"Disney Sea"。这两个乐园的面积都不大,上海一个迪士尼乐园的面积,大约就是东京两个迪士尼乐园的面积。当然主题公园的面积大小都是和政府规划有关系的。一般来说,政府一定希望游乐场的面积越大越好,因为大规模的土地开发,会给城市招商带来很多的便利。但是,面积过大,也容易造成运营失效。东京迪士尼选择了两步走。第一步先建了一个面积小的 Disney Land,运营了一段时间之后,又建立了一个 Disney Sea。同样的面积,在上海买一张门票就可以了,但是在东京,需要买两张门票。而事实上,东京迪士尼的园区仍然在不断扩张建设中,这也是一个永远不会完工的创意乐园。同时,每年公司还会追加百亿元资金建设,设施、演出、游行都会不断出新,就是为了吸引游客重复入园。"一切都是动态的",这也是东京迪士尼最让人着迷的地方。在门票价格上,也采取了逐步渐进的模式。早在东京迪士尼建园之前,企业就已经制定好了一份长达 30 年的门票价格表,按照这份计划一步步地涨价,让消费者逐渐接受。

【做中学、学中做】 请收集资料,列举主题乐园行业未来可能的发展趋势,对日照将要建设的山海经主题乐园提出合理化建议,填写表 1-5。

表 1-5 主题乐园行业发展趋势及合理化建议

未来可能的发展趋势	对日照将要建设的山海经主题乐园提合理化建议

课中实训

实训项目	以小组为单位,选择附近的或实习过的主题乐园,调查其发展历程、现状,分析被调查主题乐园所属类型,实现对行业的进一步认知
实训目标	1. 加深对主题乐园特点和类型的认知; 2. 了解目前主题乐园行业的现状; 3. 结合课中学习内容,掌握主题乐园的内涵
实训地点	
物料准备	相机或者智能手机、笔记本、笔等
实训过程	1. 被调查主题乐园属于哪种类型?

续表

实训过程	2.被调查主题乐园有哪些特点？ 3.被调查主题乐园发展历程及可能存在的问题？ 4.被调查主题乐园可以从哪些方面进行提升？
实训总结	通过完成上述实训项目,你们学到了哪些知识或给什么是主题乐园下个定义?
实施人员	组长：　　　　　　成员：
实训成绩	实训考勤(20分) 小组组织(20分) 项目质量(60分)
效果点评	

课后拓展

旅游需求细分成趋势,特色主题乐园成体验消费产品

在主题乐园建设热潮下,结合既有资源进行主题挖掘成为常见的方式,多样化的主题玩法也逐渐映入大众视野。结合各地乐园情况、途牛客户预订及点评大数据,途牛2018年3月发布最新《特色主题乐园消费人气榜单》,从"最佳综合主题乐园""最佳海洋主题乐园""最佳动物主题乐园""最佳水上主题乐园""最佳潜力主题乐园"等维度,对国内各主题乐园进行了排行分析。

在"最佳综合主题乐园"人气榜单中,上海迪士尼度假区、广州长隆欢乐世界、上海欢乐谷成为人气主题乐园前三甲。香港海洋公园、珠海长隆海洋公园、武汉极地海洋世界占据"最佳海洋主题乐园"人气榜单前三甲。而广州长隆野生动物园、北京动物园、上海野生动物园则为"最佳动物主题乐园"人气榜单前三甲。"最佳水上主题乐园"人气榜单冠亚季军花落广州长隆水上乐园、北京欢乐水魔方水上乐园、安徽芜湖方特水上乐园等。以上海迪士尼度假区为例,其坐拥华东地区最大的市场腹地,国际水平的大制作、数百亿级的

投资更是让其开园后已累计吸引千万级的入园客流量,在中国经济消费从传统走向娱乐、文化和体验等新经济消费之时,迪士尼的出现也标志着一个全新发展阶段的到来。

从当前的旅游市场发展趋势看,由于消费升级,用户对深度游、分类旅游的需求逐渐加大,旅游市场细分化、线路产品多样化已是大势所趋。对于主题乐园而言,深挖特色领域潜力,积极主动地适应细分化、个性化的旅游需求趋势也成为满足用户需求的必经之路。

当前,主题乐园已从最早的观光型过渡为器械游乐型,并且正在向具有 IP 内容体验消费的产品模式转变。

这一转变与主题乐园的消费人群结构变化有着较大的关系。目前,"90 后"逐渐成为消费市场最主要的群体,他们不再关注社会大众的普遍喜好,而是将自己的兴趣锁定在自身所处的社群级社会范围内,这一趋势进一步加速了旅游市场需求的细分,也促进了各类主题乐园定位的细分化。

(资料来源:山西旅游信息中心.旅游需求细分成趋势 特色主题公园成体验消费产品[EB/OL].https://mp.weixin.qq.com/s/3OY8oOR54L1R7h-z-suIHg.(2018-05-04)[2022-06-01].)

思考:请调查周边地区的群众对主题乐园的需求,了解他们寻求什么样的旅游体验,请思考如何应对旅游需求细分的市场现实?

主题乐园的发展历程

课前导入

1分钟看懂奥兰多15个主题乐园,走进全世界最好玩的城市

奥兰多位于美国佛罗里达州的中部,是世界休闲旅游城市之一。那里的气候温度也是旅行、露营、水上活动、蜜月旅行及家庭旅行的最佳去处,每年到奥兰多旅游的游客很多。

奥兰多拥有与洛杉矶迪士尼齐名的世界上最大的迪士尼乐园,在 Lock Haven 区内还有奥兰多艺术博物馆、橙县历史博物馆及附近的哈利花园,美国境内最大的海洋世界也位于奥兰多,值得一提的是由华纳兄弟与环球影城公司合作兴建的"哈利波特的魔法世界",它就位于两大电影制片商在奥兰多面积达七百八十七英亩的主题公园内,另外还有老少皆宜的主题乐园,如华特·迪士尼世界、环球影城、冒险岛乐园及无数的旅游景点,造就了它在美国人心中的最佳观光地位之一。奥兰多景点美就美在它的多彩、新奇、动感,还有那宜人的温馨。奥兰多虽小,小城中却有大世界。

奥兰多是世界上最大的主题乐园城,有4个迪士尼乐园、2个环球影城乐园、2个哈利波特的霍格沃茨城堡、1个海洋世界、1个乐高乐园、1个 NASA 肯尼迪航天中心和1个大沼泽世界遗产国家公园。奥兰多号称世界主题乐园之都、迪士尼之乡,其庞大的旅游产业带动了奥兰多一系列下游行业的发展。奥兰多每年的游客达到7000万人次,在奥兰多面前,连以旅游闻名于世的泰国也不敢称自己为旅游大户。泰国人口是6886万,凭借着每年3000多万的旅游人口,养活了半个泰国。而整个大奥兰多地区的人口总共才230万,旅游不只是养活了奥兰多人,还能做到奥兰多人致富。

(资料来源:佚名.1分钟看懂奥兰多15个主题公园,走进全世界最好玩的城市[EB/OL].https://mp.weixin.qq.com/s/us7CFEk59Kcr1ZJQv7R2oA.(2019-09-01)[2020-06-01].)

本案例中奥兰多的主题乐园城发展起来的原因是什么?主题乐园聚集有什么优势和劣势?

课前导入任务单

任务名称	主题乐园的发展历程	时间		班级	
成员名单					
任务要求	从表现及原因方面能初步对主题乐园发展历程有所认知				

续表

1. 查阅奥兰多是世界上最大的主题乐园城的相关材料,请描述主题乐园城的哪些方面让您印象深刻?

2. 奥兰多主题乐园城的有哪些特点?

3. 通过奥兰多主题乐园城的案例,请思考我国在发展具有中国特色的主题乐园聚集区方面有哪些值得借鉴的地方?

4. 请写出你所知道的主题乐园聚集区。

完成效果自评	优秀	良好	合格	不合格
成员姓名				

课中学习

一、世界主题乐园的发展历程

主题乐园是一种以游乐为目标的拟态环境塑造,从游乐园演变而来。游乐园是主题乐园的前身,它的形式最早可追溯至古代的集市杂耍,在当时是通过音乐、舞蹈、魔术表演、博彩游戏等手段来营造热闹气氛、愉悦公众及吸引顾客。17世纪初,欧洲兴起了以绿地、广场、花园与设施组合再配以背景音乐、表演和展览活动的节庆聚会场所的娱乐公园(amusement park),被视为游乐园的雏形。有些旅游从业者普遍存在一个错误的认识,认为迪士尼是世界最早的主题乐园,其实世界最早的主题乐园起源于荷兰,而兴盛并正名于美国。20世纪50年代,荷兰马都拉丹市的一对夫妇,为纪念在第二次世界大战中牺牲的独生子,将荷兰的120多个名胜古迹与现代建筑按1∶25的比例缩建于海牙市郊的"小人国",并于1952年开业,随即轰动欧洲,开创了世界微缩景区的先河,成为主题乐园的鼻祖。

20世纪50—60年代是个特殊时期,美国人生活在朝鲜战争、越南战争以及冷战等内外部阴影之下,并与现实美国虚假繁荣形成鲜明对比,大多美国人对生活感到失望、厌倦、不安、恐惧和逃避。电影动画师华特·迪士尼(Walt Disney)抓住时代人们心理诉求机遇,将以往制作动画电影所运用的色彩、魔幻、刺激、娱乐、惊栗和游乐园的特性相融合,将迪士尼电影场景和动画技巧结合机械设备,使游乐形态以一种戏剧性、舞台化的方式表现出来,用主题情节暗示和贯穿各个游乐项目,极大地改进了游乐方式,使游客很容易进入角色,找到发泄、休闲娱乐的心灵港湾。因此,1955年7月17日正式开幕的加利福尼亚州迪士尼乐园(Disney Land)是真正意义上的世界上第一个现代大型综合性主题乐园。

迪士尼公司的发展历程

20世纪60年代中期,位于美国南海岸经济并不发达的佛罗里达州的避暑避寒等度假趋势日益明显,度假人群蜂拥而至。华特迪士尼公司预测这是未来的一块风水宝地和人气旺地,于是大量购买奥兰多市沼泽地,准备入驻奥兰多。20世纪70年代迪士尼乐园魔法王国、80年代未来世界和好莱坞影城相继开业,此时环球影视公司也抓住机遇正在紧张建设奥兰多环球影城。90年代奥兰多环球影城开业,迪士尼动物王国也在此时开业,奥兰多海洋世界也在紧密张罗之中……

20世纪60年代末到90年代末,这30多年时间,奥兰多成为全世界主题乐园建设的主角,各个主题乐园之间相互竞争又相互依存,初步形成了主题乐园集群的聚集效应,为以后成为世界规模最大、品牌影响力最强、吸引游客最多的主题旅游度假区奠定了基础。受迪士尼主题乐园决策再次大获成功以及奥兰多集群效应的带动,80年代和90年代,美国式主题乐园的概念也进一步推广至全世界范围,并结合各国的文化传统、自然特色和经济状况产生了许多新的类型,表现主题和形式也更加丰富。

日本是最早将主题乐园作为一种西方文化来引入的国家,而且最初主要应用于博览会的建设上。而1983年,东京迪士尼乐园的开幕则真正揭开了日本发展大规模主题乐园的序幕。1983年,亚哥花园的建立标志着我国台湾主题乐园的诞生,随后相继开发了"小人国"、九族文化村、八仙乐园、剑湖山乐园等。1991年深圳"锦绣中华"、1994年深圳"世界之窗"等都是受到美国主题乐园建设理念的启发而产生的。

据统计目前全世界大型主题乐园近千家,总收入超300亿美元,还形成了诸如迪士尼、环球影城、六旗山等主题乐园集团。美国的主题乐园无论是人均消费、公园数量、接待人数、年收入,还是每个公园的年均收入都名列前茅,至今美国仍然是主题乐园业最为发达的国家。与美国的主题乐园相比,欧洲主题乐园的发展潜力更大,普遍采用全包门票制的做法,近年来的明显趋势是大的娱乐公司参与主题乐园的开发,以巴黎"欧洲迪士尼乐园"为代表。近10年来,亚洲市场快速增长,也日益成为主题乐园的主导市场之一。除日本东京迪士尼和我国香港迪士尼外,还有印度尼西亚的"塔曳迷你印尼",在日本福冈的"豪斯登堡"等。非洲国家的主题乐园以热带草原生物及反映非洲古代文化国家公园居多,集中在肯尼亚、南非、埃及等经济较发达且传统文化色彩浓厚的国家。

【做中学、学中做】 请梳理世界主题乐园的发展历程,选定时间节点及其代表企业,填写表2-1。

表 2-1　世界主题乐园的发展历程及其代表企业

世界主题乐园的发展历程	代表企业	发展原因

二、国外关于主题乐园的研究

（1）发展历史和演进过程的研究，如约翰·布朗和安·邱奇在 1987 年联合发表的《主题乐园在欧洲》是这一领域代表性的研究成果。

（2）选址和客源市场的研究，影响最大的是美国华盛顿的城市土地研究所做出的研究表明，建设一个大型主题乐园，要确保其一级客源市场不少于 200 万人口，二级客源市场要在 500 万人口以上，而且对三级市场不能过分依赖。

（3）建设与区域旅游互动发展的研究，如 2000 年，布莱德雷·布朗和马克·索斯金共同发表了《主题乐园竞争战略》一文，文中提出未来针对主题乐园的研究重点是在如何减少投入成本、增加综合收益上。

（4）经营发展研究，Dzeng，Ren-Jye(2007)利用 Avo-PLAN 模式，提出通过安排不同游乐设施开发先后顺序来达到盈利目的的观点。

【做中学、学中做】　请梳理国外关于主题乐园的研究，确定其代表人物及其主要观点，填写表 2-2。

表 2-2　国外关于主题乐园的研究代表人物及其主要观点

国外主题乐园的研究方向	代表人物	主要观点

三、我国主题乐园的发展历程

(一)主题乐园发展的第一阶段:主题乐园单一发展阶段

主题乐园发展的第一阶段称为单一发展阶段,按照其发展历程又可细分为4个时代。

国内主题乐园的发展阶段

(1) 主题乐园1.0时代——影视基地和旅游相结合,这是我国主题乐园的萌芽阶段。1983年,由《红楼梦》拍摄基地打造的北京大观园正式开门迎客。在北京大观园之后,第二个《红楼梦》拍摄基地——荣国府在河北正定县建设完成。还有以参照《清明上河图》设计的香港"宋城"(1979年)、以影视为基础建造的"无锡影视城"(1987年)等。就这样,中国的主题乐园开始萌芽。随着北京大观园的起步,西游记宫也开始在全国流行起来,但这种影视类的主题乐园都是小规模工程,新奇不足,正因如此,这类主题乐园渐渐没落。

(2) 主题乐园2.0时代——微缩景观。第二代主题乐园是20世纪90年代发展起来的微缩景观,以世界各国风景名胜为主题,进行微缩复制,以人造静景为观赏主体,典型代表有"锦绣中华"(1989年)、"中国民俗文化村"(1991年)和"世界之窗"(1994年)等。1989年9月,华侨城集团的锦绣中华在全国掀起了一股新的浪潮,严格意义上讲,它是国内首家主题乐园。"锦绣中华"创造了中国甚至全世界主题乐园投资史上的神话:投

华侨城集团创造的主题乐园奇迹

资1亿港币(当时约相当于7000万元人民币),1990—1993年营业收入共3.93亿元人民币,利润率高达50%以上,开门迎客第一年就接待游客500多万,开业1年多就基本收回投资成本。就因为这个神话的出现,人们突然发现,除了建工厂、造酒店等投资外,修个景点也能赚钱。"锦绣中华"的神奇成功,带来了中国主题乐园的大发展。深圳"中国民俗文化村"于1991年开业,投资1.2亿港币,开业后也是一年就收回全部投资成本。良好的经济效益和社会效益起到了很好的示范作用。一时全国各地出现1000多个主题乐园,但"观赏式"的微缩景观公园参与性较弱,难以满足游客对娱乐性、互动性的要求,维系自身发展较为困难。由于各种原因,90%都以失败而告终。需要特殊说明的是,"锦绣中华"和"中国民俗文化村"的成功有其众多的特殊原因,其他地方难以复制,如果需要进一步了解,可参考保继刚教授发表的《中国主题乐园的发展反思及国际主题乐园进入中国的透视》。

(3) 主题乐园3.0时代——游乐场。第三代主题乐园是20世纪90年代后期兴盛起来的游乐场,它们集中了室内外动感游乐设施,给游客带来惊险的刺激与感受,被形象地称为"尖叫公园"。其在功能上集游戏、娱乐于一体,技术设备较为先进。这一代主题乐园较为典型的代表有苏州的"苏州乐园"(1997年)和上海的"锦江乐园"(1998年)。这些游乐设施在开始时期都拥有短暂的辉煌,然而它们中的大多数缺乏明确的特色,主题线索不清、文化背景缺乏,容易形成同质化竞争,故而好景不长。

(4) 主题乐园4.0时代——主题乐园。第四代主题乐园是在游乐场的基础上,将娱乐和文化紧密结合。通过"故事"的植入,将娱乐设施打造为特定的场景,从而凸显出一定的主题文化,这样就促成了我国真正意义上的现代主题乐园。其中,较为成功的代表有深圳

"欢乐谷"(1998年)、常州"中华恐龙园"(2000年)和芜湖"方特欢乐世界"(2008年)等。它们的成功也带动了我国主题乐园建设的第一波高潮,众多主题乐园遍地开花。但由于盲目、过速的建设,对主题缺乏细节的思考,同时设备技术更新迅速、同质化竞争严重等影响了经营的持续性,这个时代的主题乐园普遍呈现出"一年兴、二年盛、三年衰、四年败"的短生命周期特征。

(二)主题乐园发展的第二阶段:以主题乐园为"引擎",带动片区的发展

在第四代主题乐园建设高潮后期恰逢国民经济水平快速发展时期——旅游休闲产业蓬勃发展,城镇化建设快速推进,这也促成了我国主题乐园产业的独特模式——主题乐园片区模式,即以主题乐园为引擎,带动片区发展的模式。至此,我国的主题乐园进入了发展的第二阶段,即主题乐园的5.0时代,并迎来了第二次建设高潮。从类型上,这一阶段又可以细分为3个时代。

(1)主题乐园5.1时代——主题社区。主题乐园5.1时代采用的是主题社区的发展模式,即以主题乐园为核心引擎,带动周边的居住建设,并配套以商业、餐饮、办公、文化娱乐与学校等设施,形成一个综合大社区。这一代主题乐园的典型代表是深圳华侨城。自1989年的"锦绣中华"建成以来,华侨城集团在已经打造4个主题乐园的同时,在周边形成了一个集居住、商业、办公和文化娱乐于一体的面积达4.8平方公里的综合社区——深圳华侨城,促进了区域的城镇化发展。

(2)主题乐园5.2时代——主题度假区。2000年以后,随着国民收入的迅速提高,国民的旅游需求也经历了"观光—休闲—度假"的连续三轮升级。第五代主题乐园片区发展模式也借此契机进入了5.2时代,这一代主题乐园采用的是主题度假区模式。主题度假区具有较高的功能混合性,通常是以主题乐园为核心,配套以酒店、商业与运动等多方位、多层次的度假休闲娱乐设施。其中,最典型的例子就是深圳的"东部华侨城",它占地近9平方千米,于2007年开园,以"让都市人回归自然"为口号,集观光游乐、休闲度假、户外运动、科普教育与生态探险等于一体,在三大功能片区内配套有3个特色旅游小镇、9个度假酒店和相应的度假居住区等大面积服务设施,片区之间还有娱乐化的交通设施相连。

上海迪士尼乐园成功的原因

(3)主题乐园5.3时代——主题文旅城。随着2011年上海迪士尼乐园的动工,我国主题乐园市场进入了第三个小高潮。商业地产巨头万达集团也积极踏足主题乐园建设、深耕"文化旅游"领域。在"万达广场"这一城市商业综合体的基础上,融入主题乐园5.1时代的主题社区和5.2时代的主题度假区,形成集室内外主题乐园、度假酒店群、大型秀场、商业娱乐综合体和居住区等于一体的"万达文化旅游城",并计划到2020年在全国范围内建设10个"万达文化旅游城"。

主题乐园在中国的发展,也不是一帆风顺的,经历了2000年以前的"一年兴,二年盛,三年衰,四年败"的短生命周期现象,导致一个时期有一个论调,认为中国不需要也不应该发展主题乐园。而进入21世纪,主题乐园又经历了新一轮的大规模开发建设阶段,以"旅游+房地产"为特色的成片综合开发在解决主题乐园投资瓶颈和拉动土地快速增值中,受到开发商和地方政府的高度偏爱。

【做中学、学中做】 请梳理中国主题乐园的发展历程,选定时间节点及其代表企业,填写表 2-3。

表 2-3　中国主题乐园的发展历程及其代表企业

中国主题乐园的发展历程	时　间　节　点	代　表　企　业

四、主题乐园发展的一般规律

据 AECOM(纽约证券交易所代码:ACM,世界 500 强,是提供专业技术和管理服务的全球咨询集团)统计,世界十大主题乐园集团中华特迪士尼集团、美林娱乐集团、环球影城主题乐园等国外大型主题乐园集团公司位列前三。世界上的主题乐园集中分布在北半球的热带、亚热带的美国加利福尼亚州的洛杉矶地区、佛罗里达州的奥兰多地区,法国巴黎地区,中国"珠三角"和"长三角"地区,日本东京与大阪地区,韩国首尔地区等。总结成功的主题乐园发展经验,我们发现它们具有"一集中、二维度、三结合、四特征"的一般规律。

(一) 区域集中的"旅游城"发展模式

最成功的主题乐园都是大而全,集中在某个区域打造"旅游城"。按照主题度假区的模式规划建设,主题乐园为吸引物,度假区酒店与休闲街区为配套。作为世界上最大的迪士尼主题乐园,美国奥兰多主题乐园总面积达 124 平方千米,由 4 个主题乐园、2 座水上乐园、32 家度假酒店、6 个高尔夫俱乐部、1 个购物村、784 个露营地组成,是美国在单个地区范围内最大的雇佣者,由此形成了以主题乐园为中心的"旅游城"。旅游城整合了聚集效应,形成了规模经济。

(二) "文化+生态+科技"组成结构与循环投资发展模式

在结构维度上,采用文化、生态、科技相结合的模式,以文化为灵魂,以生态为载体,以科技为手段,打造真实的场景,塑造畅爽的体验。

在时间维度上,循环投资的方式有利于促进资金流转,加速园区基础设施建设与更换,形成可持续发展模式。迪士尼多年惯用的"三三制",每年都要淘汰三分之一的硬件设备,新建三分之一的新概念项目,项目的建设与更新,吸引了更多游客再次游览。

(三) 与旅游地产、购物广场、影视中心相融合

主题乐园具有投入成本高、回收周期长等特点,因此将主题乐园与地产相结合是主题

乐园成功发展模式的一大创新。我国华侨城集团成功开创了"旅游＋地产"的新典例，集团总资产近1000亿元，年销售收入过400亿元，其收入主要来自于地产销售，占到其营业收入的53%，门票收入占23%，仅次于地产收入。华侨城集团形成了房地产支撑主题乐园建设，主题乐园反哺和促进房地产销售的旅游与房地产良性互动、相互促进的机制。

主题乐园与大型购物广场有效融合，不仅能丰富主题乐园的活动内容、满足游客购物需求，更能拓宽主题乐园收入来源，支撑主题乐园运营与发展。韩国乐天世界是世界上最大的室内娱乐中心，除室内"乐天世界探险"外，还有百货公司、超级市场、购物中心、名店区、地下商店街、会员制的运动俱乐部、电影院、民俗村博物馆等设施，"旅游＋购物"有效地融入乐天主题乐园的发展当中，给游客带来游玩和购物体验。

新加坡环球影城主题乐园将主题乐园与影视中心相融合，开辟了主题乐园发展的新天地。新加坡环球影城主题乐园园区面积仅49公顷，每年却能吸引超过500万游客，它以著名电影场景为基础，成为世界上最大的梦工厂动画景点汇聚地，并设计了以动画电影《怪物史瑞克》《马达加斯》《变形金刚》等为主题的景点与娱乐活动，吸引了大量影迷和爱好者从世界各地慕名而至。类似地，我国宋城集团成功地发展了主题乐园与大型文化演出融合的发展模式。

（四）独特、多样、真实与高品质四大特征

成功的主题乐园普遍具有独特性主题选择、多样性市场开发、真实性舞台场景、高品质娱乐服务四大特征。主题乐园在主题选择上应具有地域特色或民族特色，将外来文化与地方特色相结合，以突显差异性与独特性。在市场开发上，主题乐园应针对不同的市场群体与人群细分，设计不同的娱乐活动，以满足游客个性化和多样化需求。借助声、光、电等高新技术，营造真实性的舞台效果，提供高品质与个性化的服务，是丰富游客体验的有效方式和主题乐园未来的行动指南。

【做中学、学中做】 请收集资料，列举主题乐园行业发展的一般规律，对某一主题乐园，例如，青岛方特乐园，下一步的丰富与完善提出合理化建议，填写表2-4。

表2-4 主题乐园行业发展的一般规律及其建议

发展的一般规律	对青岛方特下一步的丰富与完善提出合理化建议

课中实训

实训项目	以小组为单位，分析上海迪士尼乐园，调查其发展历程、现状，分析上海迪士尼乐园发展原因，实现对主题乐园发展的一般规律的进一步认知
实训目标	1. 加深对主题乐园发展过程的认知； 2. 了解上海迪士尼乐园的现状； 3. 结合课中学习内容，掌握主题乐园发展的一般规律

续表

实训地点	
物料准备	相机或者智能手机、笔记本、笔等
实训过程	1. 上海迪士尼乐园的发展历程？ 2. 上海迪士尼乐园可能存在的问题？ 3. 上海迪士尼乐园发展展望？ 4. 为更适应主题乐园发展的一般规律，上海迪士尼乐园可以从哪些方面进行提升？
实训总结	通过完成上述实训项目，谈一谈对主题乐园发展的一般规律的认识？
实施人员	组长：　　　　　　　　　成员：
实训成绩	实训考勤(20分)
	小组组织(20分)
	项目质量(60分)
效果点评	

课后拓展

十年烂尾90％ 中国主题乐园到底问题出在哪里

2017年7月3日，海昌海洋公园控股有限公司在公告中披露了关于上海海昌极地海洋世界的最新进展。公告显示，上海海昌海洋公园全部场馆的主体建构施工完毕，各动物展示场馆、动物表演场、配套主题酒店、主题餐厅及停车楼均已完成混凝土封顶。海昌海洋控股对该项目充满了信心，至此，上海项目作为海昌旗下第九家主题乐园终于尘埃落定,另外,也为中国主题乐园产业再添一重量级砝码。近期中国主题乐园也如雨后春笋般崛起,全国都刮起了一股主题乐园风,"千岛湖水之梦""重庆欢乐谷""哈尔滨万达城"均开门迎客,似乎主题乐园时代已经来临。不过从中国主题乐园发展20年的成绩单来看,可以说是几家欢喜几家愁,准确地说,是一家欢喜几家愁。从1989年华侨城打造我国内地第一家主题乐园"锦绣中华"开始,全国共有约2500家主题乐园开业面世,但投资超过5000万的项目不足300家。虽然现阶段主题产业发展逐渐趋于成熟,但项目质量参差不齐,真正称得上主题乐园的不足百家。而正是由于"华侨城"的成功以及旅游产业投资门槛低的原因,20世纪90年代中期,大批开发商盲目跟风效仿,一夜间,主题乐园开遍全国。而由于盲目性以及市场不成熟,在随后的几年有近90%的项目沦为烂尾工程或是倒闭。例如,北京沃德兰游乐园,投资超过8000万英镑,由于烂尾被英国媒体评为了世界七大烂尾工程之一。烂尾时间长达15年,在规划之初,是亚洲最大的游乐园,而它从未接待过一位游客,却在2015年迎来了拆迁工人。而沃德兰游乐园只是烂尾大军中的九牛一毛,武汉万国公园烂尾14年、上海热宫12年、温州加州乐园10年、重庆兰花湖10年,一系列的案例至今历历在目。

(资料来源:佚名.中国主题乐园到底问题出在哪里[EB/OL].https://mp.wcixin.qq.com/s/MgNX37ehDjlgYHi1CSLT9A.(2017-07-07)[2022-06-10].)

思考:请调查你所在区域的主题乐园的发展历程,了解其发展演变的时代背景及历史的必然,请思考主题乐园如何可持续发展?

第二部分　主题乐园建设

学习目标

（1）了解主题乐园的产业体系和主题乐园的开发模式。

（2）熟悉主题乐园的开发策略和主题乐园主题定位与建造方法。

（3）掌握主题乐园筹建开发流程。

项目三

主题乐园的开发建设

课前导入

主题公园：讲好一个扣人心弦的故事

主题乐园IP

《中国主题乐园发展报告》(2017)指出,国外主题乐园收入主要包括三部分,其中门票占比约30%,购物占比约30%,衍生品等其他占比40%以上。而国内大量的主题乐园目前主要还是依赖门票经济,文化创新力还有很大提升空间。常州恐龙园于2000年正式开业,其经营收入主要为门票销售收入以及其他与中华恐龙园园区经营直接相关的收入(园区餐饮、自营项目收入和租赁收入等),最近三年占主营业务收入的比例分别为82.47%、77.79%、79.37%,成为公司主营业务收入的主要来源,而文化创意及衍生业务收入虽然在提高,但占比仍然较低。

除此之外,观察主题乐园近年来在中国的发展会发现,主题乐园似乎总逃脱不掉地产的身影。而主题乐园靠主题乐园项目低价拿地,转而发展地产,进而再把公园项目作为抬升周边房价的工具,更是屡屡见诸媒体的报道中。

未来:把故事讲得更接地气。实际上,在运营较好的主题乐园的领头羊中,IP起到不可忽视的作用。以迪士尼为例,从1986年与中央电视台合作播放《米老鼠与唐老鸭》算起,到2016年上海迪士尼开园,30年积累起几代观众才建起主题乐园,等待时间不可谓不久,这足以揭示出其经营之道:主题乐园不是光靠平地起高楼,更是靠过硬的内容和市场的真需求。有专家分析,本土化IP的植入,被视作上海迪士尼成绩喜人的主要原因。

(资料来源:邢丽涛.主题公园:讲好一个扣人心弦的故事[EB/OL]. http://news.yuanlin.com/detail/2018516/265218.htm.(2018-05-16)[2022-06-15].)

本案例中用于主题乐园的IP打造如何才能更接地气？主题乐园:讲好一个扣人心弦的故事的提法对各地开发的主题乐园有什么借鉴意义,该如何讲好旅游故事吸引旅游者？

课前导入任务单

任务名称	开发建设主题乐园	时间		班级	
成员名单					
任务要求	从现象方面能初步对主题乐园的建设有所认知				

续表

1. 查阅常州恐龙园相关材料,请描述常州恐龙园的哪些方面让您印象深刻?

2. 常州恐龙园的旅游资源有哪些特点?

3. 通过常州恐龙园的案例,请思考我国主题乐园在发展中应怎么形成核心竞争力?

4. 请写出你所知道的主题乐园讲述的动人故事。

完成效果自评	优秀	良好	合格	不合格
成员姓名				

课中学习

一、主题乐园的开发条件

（一）资源条件

迪士尼小镇规划运营的借鉴意义

具有创新性或具有启示意义的主题是主题乐园的灵魂,是主题乐园区别于其他商业娱乐设施的根本特征。因此,主题乐园的主题选择就是其核心的资源。主题乐园成功的运作经验表明,主题乐园的主题必须鲜明,针对特定的细分市场,满足特定客源的需求。迪士尼乐园在世界上很多国家都获得了巨大成功,可是在法国一度遭遇失败,这就印证了主题乐园是以旅游方式经营文化产业的判断。美国式的快餐文化与法国在文化价值取向上的差异导致游客对主题乐园产品的选择差异。这本质上是一种文化认同风险所导致的运作失败。

（二）区位条件

适宜的区位是大型主题乐园成功的关键因素。主题乐园区位选择包括宏观区位和微观区位两个方面。

一般而言，主题乐园高投入、高消费的特点使其深受腹地社会经济的影响。因此，在主题乐园宏观区位选址时，应首先考虑经济发达、流动人口多的地区。其次要综合衡量当地的经济发展水平、收入及消费能力和气候条件等因素。

微观区位指城市内部位置。主题乐园一般选址在大城市边缘，因为主题乐园一般占地面积大，而城市边缘用地限制小，地价相对便宜。

选址是影响主题乐园成功的重要因素。主题乐园园址的选择必须基于对周边客源市场的详尽分析和实地考察，绝对不能凭空想象，轻率拍板。建设一个好的主题乐园，应充分重视市场分析定位和市场占有，对文化内涵做出正确的商业价值判断，提高其重游率和投资收益比，并通过旅游乘数效应带动当地其他行业的发展。

1. 主题乐园高投入、高消费的特点使其深受腹地社会经济的影响

主题乐园在选址时，应首先考虑经济发达的地区。同类主题乐园的区域分布状态是主题乐园选址决策的重要依据。同一区域内相同主题的主题乐园呈密集性分布，势必会引起客源不足，导致主题乐园恶性竞争。主题乐园园址选择还需充分考虑园址所在地区的交通条件，以方便客流自由出入。主题乐园所在地区要求有比较健全的立体交通系统，特别是在主题乐园附近至少要有一条能容纳大交通量，并具有良好交汇地点的主要道路，以及一条可作为紧急出入口的次要道路。主题乐园发展商应积极创造良好外部条件，主动引导和迅速输送客源。不同规模的主题乐园选址要求有较独立的客流来源，因此，主题乐园比较倾向于定位在大都市的中心或近邻地区，或者选择建在地方都市及其近邻，以方便包容预定客源市场所需的绝对人口数量。这是基于我国绝大部分游客仍主要依赖大众交通工具而不像欧美，大型主题游乐园周边居民一般皆有汽车这一原因的考虑，因此主题乐园一般选择在经济较发达、旅游人数多的大城市周边或交通基础设施便利、有公共交通系统连接的地区。客流吸引力较弱，需要利用园址所在地区已有的旅游资源和市场知名度带来客源，因此它们一般设在大型主题乐园主要市场附近，或设在避暑和旅游观光胜地，又或者多个小型的不同主题的主题乐园组合聚集在一起，为游客提供多样化的服务，因而独立的小型主题乐园一般很难吸引到足够客源。

2. 主题乐园选址的影响因素

在假设主题乐园的主题、投资规模和项目内容已经确定的前提下，市场因素、投资环境、自然条件和文化因素是主题乐园选址的关键性影响因素。从市场因素、投资环境、自然因素、文化因素，包括客源市场状况和竞争市场状况两个方面对投资依托地的软硬件及其投资成本进行分析，考察其是否适宜投资。这里主要是指气候状况和地理特征等既有的区域形象、社区居民的文化观念和地方政府的政策制度等。

（三）市场条件

主题乐园客源市场与周边地区常住人口和流动人口数量紧密相关。据美国华盛顿城市土地研究所的研究,主题乐园周围 1 小时车程内的地区是一级客源市场,这些地区人口数至少要达到 200 万人;2~3 小时车程内的地区为二级客源市场,人口要超过 200 万人;这些有效客源半径内的潜在消费者是最有条件和最有可能进行再次游览消费的群体。有效客源市场半径一般指在主题乐园周边 200~300 千米的范围内,在此之外的为三级客源市场,虽也有帮助,但不能过分依赖。

(四)规模条件

主题乐园用地面积一般宜在 500 亩以上,即 33 公顷。面积太小无法包容一个或多个主题。例如苏州乐园是 54 公顷、北京世界公园是 64 公顷、深圳世界之窗是 48 公顷、天津乐园是 55 公顷、北京游乐园是 40 公顷、乌鲁木齐水上乐园是 98 公顷、深圳锦绣中华是 37 公顷、大连虎滩乐园是 118 公顷、香河天下第一城是 130 公顷。

【做中学、学中做】 请收集资料,列举主题乐园的开发条件,并举正例或反例说明,填写表 3-1。

表 3-1 主题乐园的开发条件及举例

主题乐园的开发条件	举 例

二、确定主题乐园的产业体系

主题乐园产业链是指把主题旅游与主题房地产结合起来,再加上主题商业,这就突破了单一的旅游或房地产的概念,将关联产业相结合,互为依托,相互促进。地产、商业和公园的景观可以互为借用,三者的规划相互呼应,成为一个集居住、娱乐和商业等要素于一体的比较完善的人居系统。此外,还能够推动度假设施及旅行社、歌舞演艺、策划设计、动画、网游和主题消费品等与主题乐园相关联的其他产业的综合发展,以发挥其整体效益。

【做中学、学中做】 请收集资料,列举主题乐园的产业体系,并说明其在体系中的作用,填写表 3-2。

表 3-2 主题乐园的产业体系及其作用

主题乐园的产业体系组成	在体系中的作用

三、确立主题乐园的开发模式

从旅游业角度,主题乐园提供旅游体验的旅游产品。在商业上,主题乐园则是投资大、风险高的新型旅游专案。因此,成功的主题乐园需要商业和旅游业共同开发,互惠互利。

（一）区域综合开发模式

首先依托自然景观和文化资源,营造具有影响力、冲击力的主题乐园,创造出区域性旅游资源,再依托区域性旅游资源的关联带动作用引进人流、物流,趁势进行商业配套、康体娱乐、休闲度假和房地产项目开发的"1＋N"体系构建,成为多产业融合的城市功能区。例如,深圳华侨城早期的主题乐园就采用这一模式,现已建成四个以主题乐园为主体,集旅游、展览、娱乐和居住于一体的大型旅游度假区,并开创了成熟的"旅游＋地产"经营模式。随着主题乐园国家和地域特征不断提高,新建公园的主题与国家或地域的联系越来越紧密,地方政府也希望塑造当地的旅游和文化地标,使之逐步成为一种代表当地文化和科技成就的象征物。对主题乐园的所在国家或城市来说,世界级的主题乐园更是推广城市的旅游业发展的重要因素之一,同时也为所在城市提供大量的就业机会。

（二）品牌连锁扩张模式

品牌作为联系主题乐园的纽带,对扩大主题乐园规模、提升服务质量、整合市场资源、强化市场营销具有重要的作用。共享同一品牌的主题乐园不仅可以互通人才、信息,而且可以共享市场。同时,品牌所有者还可以通过品牌经营实现高额回报。从国外主题乐园的发展来看,大多采取连锁经营的发展模式,即通过一定品牌的连锁经营来逐步扩大市场份额,其中最为典型的就是迪士尼乐园,它通过在全球各地建立各种不同主题的乐园来实现快速扩张。华侨城已实现跨越式发展,完成"欢乐谷"品牌的"1＋3"战略版图布局,目前已建成深圳欢乐谷、北京欢乐谷、成都欢乐谷、上海欢乐谷、武汉欢乐谷和天津欢乐谷等。

（三）以游乐设备、娱乐为主的模式

该类项目尚在运营、知名度较高且经营不错的主题乐园如：第一代以单纯设备游乐类为主的公园,如北京石景山游乐园、上海锦江乐园和苏州乐园等；第二代游乐设备经过包装,主题化更明显的单体公园,如深圳欢乐谷、方特欢乐世界等。

（四）以影视娱乐为主题的模式

该类主题乐园分为两代,第一代以影视片场的观光、拍摄、场景再现为主,目前运营比较成功的如宁夏银川镇北堡影视城、浙江东阳横店影视城；第二代以影视主题包装的娱乐设备为主,比如华谊影城(苏州,在建)项目,以及环球影城。

（五）以主题表演、大型演出为主要卖点的模式

集中精力打造一台大型演艺项目成为目的地的核心吸引物。国内做得最成功的是杭州宋城的"宋城千古情"、深圳华侨城民俗村"东方霓裳"、西安大唐芙蓉园的"梦回大唐"(剧场类演出)、少林寺的"功夫传奇"、桂林的"印象刘三姐"、承德的"鼎盛王朝-康熙大典"(实景类演出),以及融入高科技、全息影像等元素打造的新型演出,如欢乐海岸的"深蓝秘境"(室外演出)等。

(六)以历史文化、民俗古镇为主题的旅游小镇模式

该类主题乐园以当地文化为核心,新建仿古类建筑,完全开放的商业街区、表演、购物为主,形成主题卖点和特色。国内做的影响力比较大的有枣庄的台儿庄古城,云南的彝人古镇、重庆的长寿古镇、河北的滦州古城等。

(七)以戏水游乐为主题的"水公园"类模式

该类主题乐园季节性强,但因为深受大众青睐,因此回收快,与其他温泉、滑雪、主题乐园等项目一起存在。如苏州乐园水上世界、长隆水上公园等。

(八)建有主题乐园的综合度假区模式

该类主题乐园以主题乐园为核心卖点、规模大、业态丰富齐全,通常配套商业区、酒店,并有两个以上的主题乐园,这类项目开发商已上市或正在准备上市。如常州中华恐龙园、广东长隆旅游度假区、深圳东部华侨城(偏生态类景区)等。

(九)室内商业娱乐综合体类模式

将室内儿童、青少年游乐与商业购物结合的综合体项目,是目前的新兴开发趋势之一。如山东青岛宝龙乐园、辽宁沈阳辛巴达欢乐城堡和深圳欢乐海岸等。

【做中学、学中做】 请收集资料,列举主题乐园的开发模式,并说明其优势与劣势,填写表3-3。

表3-3 主题乐园的开发模式及其优势与劣势

主题乐园的开发模式	优势与劣势

四、主题乐园的开发策略

(一)市场导向策略

在体验经济的时代,以人为本,以满足游客的心理需求为目标,是主题乐园开发的市场基础。我国主题乐园客源市场定位一般比较广泛,随着市场竞争的加剧,需要不断研究市场变化,创新游乐项目,以满足市场的需求。一些开发商开始面对特定市场量身设计制

作主题乐园,在主题选择和项目设计上也有意识地加强客源市场针对性。同时,在景区建设之初同步进行市场开发和建设,做好宣传促销工作,才能顺利进入市场,吸引足够多的游客。如西安大唐芙蓉园在园中设置了多处自动装置,定时向空气中喷发芳香气体,使游客时时沉浸在幽香之中,为游客提供了独特的感官体验和心理感受,成为国内第一个"能嗅到、有香味"的主题乐园,通过有效的市场开发,塑造了区别于竞争对手的独特的市场形象。

(二)文化主导策略

主题乐园具有四大功能:教育传播功能、娱乐功能、审美或情绪满足功能和文化活动展示功能。所以,主题乐园是一种特殊的以旅游为经营形式的文化产品制造商,文化影响力(文化品牌)决定了旅游产品的衍生力和消费人群的规模与忠诚度。没有文化或没有通过文化设计提供游客愿意购买的旅游产品从而实现盈利的方式和手段,正是我国主题乐园的不足。通过导入成熟的体育文化、教育文化、影视文化、动漫文化和演艺文化是主题乐园保持长久生命力的必要策略。例如,迪士尼公司把美国模式照搬到日本东京,获得了成功,其原因主要归结为:第二次世界大战后,日本文化对美国文化存在崇拜和认同,很多日本人从心目中对美国文化有一种推崇感和认同感,而迪士尼所代表的正是典型的美国文化;日本人崇尚集体主义,崇尚集体活动的文化特征无形中大大促进了消费;日本东京是迪士尼公司在亚洲开办的第一家海外机构,其异域文化的神秘色彩对日本市场具有强烈的吸引力和感召力。

(三)本土特色策略

主题乐园依托于人文资源,普遍具有强烈的地域色彩和个性化特征,对主题的简单嫁接和复制会遭遇不同程度的水土不服,因此,只有具有本土文化特色,才能拥有广泛的本土群众基础,完成民族品牌在主题乐园领域的突破。本土特色包括:第一,本土历史文化特色,可以借鉴好莱坞动画《花木兰》《功夫熊猫》,以及国产动画《阿凡提》《齐天大圣》等有维系海内外炎黄子孙情感的传统文化故事,进行主题开发和产品衍生;第二,本土民族特色,可以将卓越的民族智慧、人性光辉和琴棋书画具象为视觉化、可体验的民族、民俗文化村;第三,地域性自然生态,如野生动植物园、海洋公园等。

(四)系统经济策略

主题乐园按产品开发深度分为四种盈利方式:旅游门票、游憩产品服务、旅游综合服务和公园商业。因此,从投资回报的角度,一方面,投入相关经济要素时采用适时适度推进原则,控制各个开发周期的适度规模;另一方面,抓大放小,把力量集中在有望成为当地名牌旅游产品、能带来巨大社会经济效益的核心项目上,改善区域基础设施条件和环境质量,优化投资结构,确保整体利益最大化。

(五)资源整合策略

主题乐园产业链强调主题旅游、休闲娱乐、文化会展、住宅、商业、酒店和办公等诸多产业的良性互动。同时,需整合旅行社、歌舞演艺、策划设计、动画、网游和主题消费品等与主题乐园相关联的其他产业。我国的主题乐园大多停留在生产管理阶段,内部资源和组织管理跟不上政策、经济、顾客、竞争等外部环境的变化,更不具备各产业全面开花的能力,未来只有各产业优势互补、相互促进,理顺各个板块之间的利益关系,才能综合发展。

【做中学、学中做】 请收集资料,列举主题乐园的开发策略,并举例说明,填写表3-4。

表3-4 主题乐园的开发策略及其成功实例

主题乐园的开发策略	成 功 实 例

五、主题乐园主题定位与打造

主题乐园是依靠创意推动的旅游产品,因此,主题乐园的主题选择就显得尤为重要。世界上大凡成功的主题乐园,都是个性鲜明、各有特色,且给人留下难忘的印象。反观我国的一些主题乐园,大多是主题重复、缺乏个性,以照搬照抄、模拟仿效居多,缺乏科学性、真实性、艺术性和趣味性,缺乏认真的市场分析和真正的创意,为造景观而建造景观,结果不仅惨淡经营或仓促收场,并且造成财力、人力、物力的浪费。

(一)主题的定位

主题乐园的主题选择是一个主观判断与理性市场分析相结合的决策过程。主题乐园是开发商修养、学识和创新能力的反映,它要求开发商以敏锐的市场感觉捕捉潜在的市场机会,并运用娴熟的商业运作经验,组织专业人员对主题进行提炼、包装和设计。同时主题乐园的主题选择还依赖有关专业人员所做的市场调查结果。市场调查可以帮助主题乐园的主题主动迎合或引导消费者的需求,从而跳出简单抄袭、模仿的阴影。对主题乐园来说,只有主题独特、个性鲜明,才会对游客产生强烈的吸引力。每一个成功的主题乐园都具有强烈的个性,也就是旅游业常说的"特色",有的甚至具有不可模仿的独特性。总之,主题的独特性是主题乐园成功的基石。

(二)主题建筑风格打造

主题乐园中的建筑通常是主题的重要表现手段,主题往往通过建筑的形式展开。不同类型的主题乐园,其建筑的风格也各有千秋,建筑的形式、材料和颜色都应符合主题乐园的整体主题氛围。

1. 主题乐园中建筑布局的原则

主题乐园中的建筑首先要满足功能需求,包括使用、交通、用地及景观要求等,必须因地制宜、综合考虑满足造景需要。建筑布局应考虑与环境的协调统一,与自然环境有机结合,融为一体,不同的选址布局,可创造出相异的景观意境,给人以不同的感受。应根据主题乐园中景观主题的需求,创造一种满足游客喜好的景观建筑布局。有时为了获得空间的变化,常常需要使用一些相邻空间的联系媒介,使空间彼此渗透,增添空间层次。此外,还要做到室外与室内空间的相互渗透,使建筑与主题环境更交相穿插融合成为有机的整体。主题乐园往往占地面积大而且主题建筑也多,那么如何组织好其建筑的序列就显得关系重大了。园林建筑的空间序列通常分为规则对称和自由不对称两种空间形式。根据不同的功能和景观意境的需求,通常还会将两种空间布局方式混合使用,或整体上采用规划,而局部细节采用自由不对称的形式,或者与之相反,讲究空间渗透与层次,讲究空间序列。

主题乐园商业服务设施规划设计

2. 主题乐园中建筑的特点

主题乐园为充分体现自身的主题特色和功能价值,它们必须新颖独特、造型新颖、千姿百态,不同于一般的建筑物。例如,在一个建筑物中除满足基本使用功能外,应更多地考虑其外形的处理,给游人以很强的吸引力。主题乐园中的任何元素都是围绕主题存在的,建筑也不例外,如以某个时代作为背景主题的景区,建筑就必须体现这个时代的精神,从某种意义上说,必须是这个时代的精神写照,给游客营造一种逼真的主题背景。在建筑形式上应与当地自然景观和人文景观的秩序相一致,尤其在旅游城市,建设主题乐园时,更应充分注意到这一点,这样才能更好地丰富地方的旅游资源。在中国古代园林建筑空间中,无论建筑物、山石、池水、植物,主要都以材料的独特色彩与质感,形色动人。主题乐园中的建筑同样是以形色动人的。色彩与质感是建筑材料表现上的双重属性,两者相辅相成。在设计中发现各种材料在色彩和质感上的特点,并利用它们组织节奏、韵律、对比、均衡等各种构图关系,就有可能使建筑获得良好的艺术效果。建筑尺度在主题乐园中是指建筑空间各个组成部分与具有一定自然尺度的物体的比较。功能、审美和环境特点是决定建筑尺度的依据,正确的尺度应该和功能、审美的要求一致,并和环境一致,具有强烈的主题气息,具有地域和民族风格。

3. 主题乐园中建筑的主题表达

(1) 满足功能的主题需求。主题乐园中建筑的主要功能是为主题活动提供场所,有时建筑本身的轮廓就已经满足了游客的观赏需求,但更多的建筑体现的是具体的使用需求,包括开展主题活动或是供游人休息小憩、消除疲劳等。主题乐园中的建筑有着独特的个性和特点,它要求建筑在形态、色彩等方面都有独特性,能吸引游客前来融入环境中。同时它必须要体现景区的主题风格,即什么样的主题景区就应该有相应风格的主题建筑。如深圳的中国民俗文化村,体现少数民族的建筑都是按照1∶1建造的,其中黎族民居景点处的石路、泥墙,还有辣椒、簸箕点缀,彝族村寨的风情十足,使人身临其境。建筑材料、色彩、形式等都是主题乐园中建筑与环境融合需要考虑的因素。建筑不是孤立存在的个体,要想体现出主题意境,还必须综合整体环境考虑,特别是地形、植物等与建筑的协调。如苏州乐园中的苏格兰庄园,简单自然的建筑体现了鲜明的主题意境。建筑往往能赋予人的思想和情感,使人与建筑之间能具有情景交融的感觉。主题乐园中的建筑一般都具有强烈的主题特色,具有显著的艺术效果,它的存在本身就是主题强有力的表达。主题建筑在净化、美化环境的同时,也影响着人的心灵,符合景区的主题风格表达环境的主题意境,体现主题的教育意义。

(2) 主题乐园建筑与灯光的结合。建筑与灯光的结合,使主题乐园建筑的夜间轮廓明晰,建筑特色更加显著。灯光照明是为人们营造一种场所、一种氛围,这种氛围是园林照明设计最具魅力的地方。主题乐园建筑灯光设计,不仅能丰富主题乐园的夜景空间,增加主题乐园的艺术魅力和文化氛围,还有利于改善主题乐园的整体形象,运用灯光的表现力,可以更加深刻地提炼主题乐园的主题个性,强化主题特色。在对主题乐园中的建筑灯光进行设计时,要注意以下几个方面的内容。首先,照明系统要有统一的规划设计,分清主次关系和动静关系,充分表现建筑自身的特色,要考虑周围的生态和环境,而不仅仅是作为一种"时尚"的点缀。其次,照明设计和建筑相结合,做到二者相映成趣、相得益彰,使得灯光对主题景观的表现力得以全面发挥,避免夜景中的主题景观显得平淡无奇。照明设计在注重功能性的同时,要注意照明手法的多样化和艺术化,灯光环境注重韵律感和层次感。一般情况下,光源的选择要遵循高效、节能的原则,同时选择适宜的光色来更好地体现设计意图,烘托建筑分清主次关系和动静关系,照明手法的多样化和艺术化气氛。

(三) 主题的创意表现

主题乐园的主题选择需要创新思维,主题乐园的经营更需要不断推陈出新,才能永远保持对游客的新鲜感,生命周期得以延长。在进行主题创意与策划时,要紧紧围绕"旅游者的需求",突出休闲娱乐的特性,表现"旅游新形态"。为此,发展商在主题乐园的景观设计、旅游产品后续更新方面必须走在市场前列。

目前我国主题乐园的发展有个很典型的特征,那就是生命的周期性,很多主题乐园在开业前几年达到某一峰值后就很难再次超越,开始走下坡路。造成这一局面的重要原因是目前我国的主题乐园大多是静态景观造成的,游客进行的是纯观光型活动,参与性娱乐项目比较少,容易感到乏味。这种直观性强的静态景观,游客参观完一次后缺乏重复消费的动力,从而导致游客的重游率很低。主题乐园的主题需要借助形象的景观来表达,因此园内的景观设计十分重要。我国早期主题乐园建造的多数是静态景观的状况,迫使主题乐园开发商开始对园内的静态景观进行改造,设法在静态景观中注入动态元素。如新奇特景观的创意,骷髅头跌水、金矿小镇、玛雅时代等等大多利用魔幻、卡通、历史等手法进行创意设计。

(四) 主题产品开发与更新

旅游市场竞争的结果是名牌旅游产品最终吸引更多的游客,一个主题乐园要在市场中占有一定的份额,必须实现旅游产品的品牌化,并努力提高品牌的知名度与美誉度,从而形成旅游品牌,树立起名牌形象。由于国际上大的传媒主题乐园了解主题产品的盈利潜力,因此加入大力开发主题产品的行列中,并且主题产品的取材也不仅限于主题乐园。随着科技的发展,传统意义上的主题乐园和传媒、玩具业之间的单向合作关系已经被改变了,电影及电视制作人占主导地位的局面已经被代替了。许多商家将儿童熟悉的玩具重新包装,作为游戏元素编入计算机游戏从而进入多媒体,并将它变成故事性的影视节目播放,然后再在建设主题乐园的时候汲取其元素,形成一种互动效应,促进主题乐园、影视的互动交融发展。

【做中学、学中做】 请收集资料,列举主题乐园的主题定位与打造方法,并举例说明,填写表3-5。

表3-5 主题乐园的主题定位与打造及其成功实例

主题乐园的主题定位与打造	成 功 实 例

六、主题乐园筹建开发流程

主题乐园的整个筹建过程需要 3~5 年。在初期的策划阶段,开发商需要组建一个工作团队并提出初步的概念规划,然后聘请设计公司或其他咨询公司进行论证、优化、可行性研究并最终形成总体规划方案。

主题乐园项目开发的步骤

(一) 概念规划、可行性研究报告、总体规划

概念规划是指提出项目的基本概念和定位;可行性研究报告是指对概念规划进行验证、细化,确定项目开发的限定条件;总体规划是指在概念规划和可行性研究的基础上对项目进行具体的规划。

本阶段工作团队组成有业主、主题乐园经营专家、经济可行性研究专家、建筑师、公园规划专家、创作团队等。此阶段大概需用时 1 年。

本阶段工作成果包括概念规划、可行性研究报告以及主题乐园总体规划。这是一个由粗及细的过程,将为下一步的设计、建设和经营提供依据。

1. 概念规划

根据业主的意图,在了解市场的基础上,形成拟建项目的原始创意,明确项目的定位,详细描述项目的基本概念,对业主希望实施的内容和希望达到的目标进行阐述。这部分工作通常由业主完成或者在顾问机构的协助下完成。

2. 可行性研究报告

可行性研究报告是在制定某一建设或科研项目之前,对该项目实施的可能性、有效性、技术方案及技术政策进行具体、深入、细致的技术论证和经济评价,以求确定一个在技术上合理、经济上划算的最优方案和最佳时机而写的书面报告。可行性研究报告主要内容是要求以全面、系统的分析为主要方法,经济效益为核心,围绕影响项目的各种因素,运用大量的数据资料论证拟建项目是否可行。对整个可行性研究提出综合分析评价,指出其优缺点并提出建议。为了结论的需要,往往还需要加上一些附件,如试验数据、论证材料、计算图表及附图等,以增强可行性报告的说服力。

可行性研究是确定建设项目前具有决定性意义的工作,是在投资决策之前,对拟建项目进行全面技术经济分析论证的科学方法,在投资管理中,可行性研究是指对拟建项目有

关的自然、社会、经济、技术等进行调研、分析比较以及预测建成后的社会经济效益。在此基础上，综合论证项目建设的必要性，财务的盈利性，经济上的合理性，技术上的先进性和适应性以及建设条件的可能性和可行性，从而为投资决策提供科学依据。

投资可行性报告咨询服务分为政府审批核准用可行性研究报告和融资用可行性研究报告。审批核准用可行性研究报告侧重关注项目的社会经济效益和影响；融资用报告侧重关注项目在经济上是否可行。具体概括为政府立项审批、产业扶持、银行贷款、融资投资、投资建设、境外投资、上市融资、中外合作、股份合作、组建公司、征用土地、申请高新技术主题乐园等各类可行性报告。报告通过对项目的市场需求、资源供应、建设规模、工艺路线、设备选型、环境影响、资金筹措、盈利能力等方面的调查研究，在行业专家研究经验的基础上对项目经济效益及社会效益进行科学预测，从而为客户提供全面的、客观的和可靠的建议。

可行性研究在概念规划的基础上对市场进行进一步调查，以验证概念规划提出的各种构想，并对项目的主要指标加以明确。任务包括了解市场现状、发展趋势、竞争形势，评估拟建项目市场潜力；确定主题乐园的类型，明确目标游客；预测游客数量、停留时间和人均消费；规划主题乐园的规模；确定潜在的财务表现，限定最大投资额；为总体规划提供各种限定性参数，为下一步的总体规划、设计、建设和经营提供指引。可行性研究主要步骤和工作内容包括以下几个方面。

（1）了解项目基本情况：了解讨论项目内容，实地察看项目地块。

（2）地块和周边评估：评估地块和周边环境以确定用地的潜在实用性。考虑的因素包括：对市场的接近性、物理局限性和参数通达性；交通模式；周边开发；潜在互补或竞争性设施。

（3）概念描述和市场趋势：研究目标行业，描述行业现状和探讨发展趋势，使对该行业不熟悉的人有基本的了解。

（4）市场分析：市场区域将以到达项目的距离进行划分。分析人口统计学特征，研判市场潜力，主要包括：人口增长、年龄分布、收入分布和分析旅游者市场（目前的规模、历史增长及其他特征）。

（5）评估可比项目：选定可比的项目并进行研究，了解其基本情况，如名称和地址、基本描述、价格、年度收入、财务表现和投资等。

（6）客源预测：预测拟建项目的未来五年游客数量，根据计划的产品、市场规模、定性的市场特征和可比项目的市场占有率、地点和可能的竞争等因素进行。

（7）概念开发：对项目的物理设计指标进行建议，提供虚拟描述和效果图。主要指标包括建议的活动类别、建议吸引物组合、最小的面积、建筑物面积、饮食和零售面积、停车位数量等。

（8）财务分析：根据建议的概念规划和客源预测，对拟建项目的未来五年的财务表现进行预测。主要指标包括分类别收入、运营成本、营业利润、投资回报率等。

（9）开发成本设定。

3. 总体规划

总体规划是在可行性分析的基础上进行的。除了物理空间的分配外，还要设计游客的游览经历、主题故事、吸引物组合等与主题乐园相关的独特内容。这部分工作由规划设计公司和开发商共同进行,是开发商与设计公司互动的过程,需要不断地进行评估和多次修改。主要工作内容如下。

（1）营造公园的主题：主题乐园需要讲述一个连贯的故事,且该故事给游客一种独特的精神体验。主题的产生有许多途径,从一开始便有一个主题或者在创作过程中演化出一个主题。

主题乐园的空间规划设计

（2）游客经历设计：设计、描述游客进入乐园后在各个区域的经历,直至游客完成游玩离开乐园。

（3）主题乐园的布局：主题乐园布局有许多形式,有些形式比较常用,比如迪士尼采用"标志设计哲学",即在主通道底端设置类似迪士尼梦幻城堡等大型标志性建筑。无论采用哪种布局,最重要的是游客得到多少快乐,这取决于吸引物组合。

（4）吸引物组合：吸引物组合是一个重大的决定,例如,吸引物的类型、数量、质量以及专业化程度。这取决于要采用什么样的产品才能成为区域内最好的主题乐园。在选择吸引物的时候,游客特征是最重要的考虑因素,包括年龄和收入。例如,高科技的具有故事情节的室内游戏以及模拟器游戏,成年人喜欢能够坐着;青少年则喜欢过山车等惊险刺激的游戏。根据预测的年度人数、旺季人数和高峰日人数来确定吸引物的数量。决策者的喜好是影响吸引物组合的最大因素。

（5）预算：在进行总体规划的时候,公园各部分的预算将更加明晰,这个预算还应该控制在可行性研究所限定的范围之内。

（6）预留扩充空间：员工培训是确保游客体验和投资收益的重要保证,因此,需要一个员工培训中心。

（7）其他一般性内容：土地使用、基础设施、平面开发、交通、人流规划以及确定道路、停车场、餐厅、厕所、商店等公园设施的数量和规模等。

（二）政府审批程序

政府审批程序不必等到总体规划完成再进行,可以使用较为简化的版本。

（三）主题乐园设计

主题乐园设计是决定最终产品的质量和造价的重要环节,应由具有丰富主题乐园设计经验的设计公司进行。设计也是业主和设计公司的互动过程,大概需要1年。在公园设计期间,价值工程是确保建设造价的重要工具,在效果和造价之间取得一种平衡,以最大限度地提高资金使用效率。

主题乐园景观设计

主题乐园静态人造景观一旦建成后具有一定的稳定性,后续可塑空间毕竟有限,而参与体验项目决定了园区的核心吸引力是否可持续发展,所以这些项目的包装设计需由专业人员的主观创造性进行设计包装。如华侨城股份公司在编排广场演出节目上就不断创新,其推出的《绿宝石》《创世纪》等美轮美奂的大型舞蹈表演;组织的火把节、啤酒节等精彩纷呈的民俗节庆狂欢、主题晚会。另外,在游乐项目的包装上也开发设计了大量有吸引力的主题,如欢乐谷的"蚂蚁王国""特洛伊木马"等。这些引人入胜的项目设计极大地提高了主题乐园重游率,也创下了我国主题乐园设计延长生命周期的成功范例。

（四）资金准备

曾有人算过,投资少于 20 亿元的乐园就不能称为主题乐园,可见主题乐园的投资巨大,若是准备筹建一个主题乐园,则必须利用国家的、地方政府的一些优惠政策、扶持基金。针对不少主题乐园打着旅游项目的旗号搞房地产开发的现象,2011 年 8 月,国家发展和改革委员会已采取相关措施,有针对性地叫停全国主题乐园的建设;2012 年 2 月 16 日,中国人民银行、国家发展和改革委员会、国家旅游局等 7 部委联合发布的《关于金融支持旅游业加快发展的若干意见》明确指出,对高尔夫球场、大型主题乐园、城市水源地的观光农业等国家明令禁止或限制发展的旅游项目,应严格禁止或限制发放贷款。如何拓宽主题乐园建设的资金来源,还要看如何有效把握和利用政策以及如何在建设过程中减小资金压力,为项目筹备资金。除项目建设、设备采购和安装等大项开支外,营运前准备需要资金,例如节目制作、广告宣传、员工培训等,项目开业后的流动资金也需要预先准备。

（五）施工图准备

设计通过后,根据设计图完成施工图。

（六）施工

在施工过程中,项目管理是控制造价和保证工程质量的关键。施工过程大概需要 2 年时间。一般不要在大型设备的预算、价格、采购合同确定之前动工建设该分项。

1. 设备采购

在吸引物组合确定后尽快进行考察、谈判、比较,尽早确定采购目标,签订采购合同。这部分投资额占主题乐园建设总投资额的相当比例,对主题乐园的吸引力有重大影响。目前有著名厂商在我国设厂生产,有利于降低制造、运输和关税成本。如果选定的产品没有在国内生产,也可以探讨国外厂商委托国内制造的模式。在选定设备时,要综合考虑价格和使用过程中的可靠性、维护成本等因素。

2. 设备安装

采购的设备需要在现场安装、调试。如果选购的设备来自一家或少数几家,厂家在组织生产和现场安装环节所需要的时间会比较长,延长公园的筹建周期。如果由多个厂商提供设备,工期会相对较短。

（七）开业前准备

开业前准备对主题乐园的成功非常重要。开业前主要的工作内容包括:组织架构设置、职责划分、职务说明书,人员招聘、培训以及生活安排;表演及娱乐节目的策划、演员招聘、道具制作、排练;市场营销,营销模式的确立、营销队伍的组建、各种广告的准备、网站建设、销售渠道建立、公共关系的建立;制定运营预算;确定政策和程序文件。在公园运营方面,可以借鉴国内外管理顾问公司的经验,以提高效率,避免失误,特别是在培训环节。

(八)试业

试业的主要目的是进行员工培训、记录整理工作流程、设施调整等,时间一般为21～30天。免费邀请客人试用,人数由少逐渐增多,让工作人员逐渐适应。

(九)正式开业

公园正式开门营业。

(十)更新、扩充

在美国,主题乐园一般将年度营业额的3%～5%留作更新费用,即使在不景气的年头,每三年都要进行一次更新。

【做中学、学中做】 请收集资料,列举主题乐园筹建开发的流程,并说明其主要内容与要求,填写表3-6。

表3-6 主题乐园筹建开发的流程及其主要内容与要求

主题乐园筹建开发的流程	主要内容与要求

课中实训

实训项目	以小组为单位,选择附近的主题乐园,调查其筹建程序,分析被调查主题乐园筹建中的得失,为以后从事类似的工作积累经验教训
实训目标	1. 加深对主题乐园的产业体系和主题乐园的开发模式的认知; 2. 了解主题乐园的开发策略和主题乐园主题定位与打造方法; 3. 掌握主题乐园筹建开发流程
实训地点	
物料准备	相机或者智能手机、笔记本、笔等
实训过程	1. 主题乐园的产业体系和主题乐园的开发模式?

续表

实训过程	2.主题乐园的开发策略和主题乐园主题定位与打造方法？ 3.主题乐园筹建开发流程有哪些？ 4.主题乐园筹建开发流程可以从哪些方面进行优化？
实训总结	通过完成上述实训项目,你们学到了哪些知识？
实施人员	组长：　　　　　　　　　成员：
实训成绩	实训考勤(20分)
	小组组织(20分)
	项目质量(60分)
效果点评	

课后拓展

主题乐园成功的 12 个步骤

主题乐园的设计和开发从开始到完成共包括12个步骤。

第一步,可行性研究,它是项目的总路线图。可行性分析包含对园区的选址评估、概念评估、市场评估、"设计日"准则、入园量预测、收入预计和投资净额。可行性研究是为吸引潜在投资者而采取的必要步骤。

第二步,项目总体规划,是指对项目的目标和范围尺度的制定和确立。同时要完成项目组的选定和对他们任务的明确。这一过程还需设定一套清晰的目标,包括规模、财务指数、进度节点和目标客源。另外,对实体布局、场地使用及规划发展策略的制定则有助于确定项目范围。

第三步,初步概念设计,是指通过对主要组成部分的设计和研究明确项目的性质和范围。设计主题、故事线、建筑风格也在这一步被确定下来。这一步需明确的事项中不仅包含设计方面,还包括经济和运营导则。

第四步,最终概念设计,即达成一定的细节深度来理解项目的范围、风格和内容,从而制定出所有专业所需的,用以继续设计和推进项目的要求和条件。完成最终概念设计与项目的主要组件、预算及工期的对应和论证标志着项目总体规划阶段的完成。

第五步,方案设计,该阶段负责制定项目各组成要素的尺度、功能、外形、基本要求。方案设计也包括楼层平面和立面的初步设计。这一阶段的设计深度要满足进行成本估算的要求。

第六步,详细设计,该阶段的设计更趋于具体和深入,能够精确描述项目。一般来说包括详细的策略、参数以及支持项目设计意图的节目秀、建筑和场地要素的设计说明。

第七步,施工文件,它是向项目实施相关的咨询师、厂商、合约商和施工提供的所有生产和施工材料。文件包括发展规划、规格规范、图纸、文字说明、故事板及其他详细信息,可用来支持生产和施工招标文件的制定。

第八步,生产施工阶段,包括招投标、谈判和后续的项目的生产和施工。

第九步,安装和调试阶段,包括与推荐的表演系统和技术相关的所有组件和设备的安装,调试和编程。

第十步,开园前的筹备阶段,包括对运营和维护人员的培训;制定运营和维护的规程及手册;检查园区所有家具,固件设施和设备的负荷;检查园区运营所需的库存是否充足。

第十一步,正式开业,这是整个项目发展的最高潮,是园区正式开业,向公众呈现一个全部完工,全面运营的主题乐园的时刻。

第十二步,调整和扩张,该步骤发生在需要运用新想法和新技术或者新元素来保持园区的多彩和活力时。当需要加入新设备,对现有公园组件进行重大调整或进行大型扩建时,都需要重新实施这12个步骤。

上述揭示了建设主题乐园时需进行的设计和开发步骤。同时,也不能忽视主题和愿景的重要性,还须利用真实感和体验式设计来构想一个主导的主题,从而创造全面和综合的环境体验。公园布局、景点组合、主题选定、主题化技巧、品牌树立和预算限制对于创建真正令人愉快的主题乐园(而非单纯的建筑和骑乘项目的堆积)是同等重要的。一个有意义的、引人入胜的"故事"才是对真正意义上的主题乐园最真实的定义。

(资料来源:知天下双创服务平台.两个关键点,12个步骤 这样的主题公园才会成功[EB/OL]. https://www.sohu.com/a/292952433_198170.(2019-02-02)[2022-07-01].)

思考:请调查你所在区域主题乐园建设的过程,了解主题乐园成功的密码,请思考如何打造一个有生命力的主题乐园?

第三部分　主题乐园运营

学习目标

（1）了解主题乐园的类型及特点、主题乐园人力资源的相关概念和定义、旅游体验、主题乐园产品的含义及类型、现代主题乐园营销的内容、主题乐园服务质量的影响、主题乐园财务管理定义。

（2）熟悉主题乐园的行业特征及未来可能的发展趋势、主题乐园人力资源规划的内容和迪士尼世界员工管理模式对中国主题乐园的借鉴意义、游客对主题乐园产品的特殊体验要求、主题乐园产品的体验开发原则和主题乐园产品的体验开发思路、主题乐园的主要营销方式、国内主题乐园现有的营销方式、我国主要主题乐园营销案例、主题乐园优质服务特点、质量管理营造优质服务环境、主题乐园财务管理原则、主题乐园财务管理目标、主题乐园财务管理内容、主题乐园的盈利模式种类、主题乐园发展中常见的财务风险。

（3）掌握主题乐园的内涵、主题乐园的招聘与甄选、培训与职业生涯规划、绩效考核、绩效管理、薪酬与福利、员工关系管理、本土主题乐园员工管理等工作、主题乐园产品的体验开发模式、深圳欢乐谷基于游客体验开发产品的主要做法及其借鉴意义、主题乐园营销策略核心点、主题乐园常用营销策略、主题乐园质量管理的整体思路、如何严格把控主题乐园的质量管理、主题乐园财务管理方法、规避主题乐园的财务风险的方法和新型主题乐园财务管理模式构建的方法以及主题乐园规范财务管理工作的监督手段。

做好主题乐园的运营管理

课前导入

年营收49.5亿美元的环球影城主题乐园是怎样运营的

早在1915年,环球公司的创始人就另辟蹊径,曾经通过收取2.5美元的门票钱,将制片厂开放给公众参观。环球影城打造的是电影真实场景的体验+游乐场项目模式。

1. 环球影城2016年的运营情况

整个美国全国广播公司(NBC)的环球影城2016年的营收为804亿美元,比2015年增长了7.9%。而除电信业务之外的环球娱乐业务,在2016年的收入实现了11%的年增长,达到316亿美元,这收入还不包括8月里约奥运会期间的16亿美元收入以及2月"超级碗"期间的3.76亿美元收入。

2. 环球影城的模式:自家经营VS授权第三方运营

环球影城已建成的主题乐园共5个,其中主要的是自家经营的3个,分别为佛罗里达州的奥兰多乐园、加州的好莱坞乐园、控权51%的日本大阪乐园。只授权不经营的另有2个,分别为新加坡的圣淘沙名胜世界、西班牙地中海的环球影城。环球影城在北京建成了它的第六个主题乐园,这个乐园由NBC环球和多家北京市属的国企共同出资建成。

3. 环球影城对主题乐园的经营主要有三种模式

全资拥有自主经营,如奥兰多和好莱坞的主题乐园;与其他公司合资,环球占大部分股份,如日本大阪环球影城,为环球与日本USJ公司共同拥有,环球控股51%,2019年开业的北京环球影城也是环球持股70%;第三种为授权给第三方使用环球影城的名字和部分IP项目,如新加坡的浪淘沙是Genting公司全资拥有,环球仅授权。

(资料来源:三文娱. 2016年营收49.5亿美元,环球影城打造不同于迪士尼的主题乐园[EB/OL]. https://zhuanlan.zhihu.com/p/25407262.(2017-02-24)[2022-07-10].)

本案例中环球影城是如何通过科学管理实现高额营收的?他的经验对各地开发的主题乐园和海洋公园业有什么借鉴意义?

课前导入任务单

任务名称	做好主题乐园的运营管理	时间		班级	
成员名单					

续表

| 任务要求 | 从现象方面能初步对主题乐园的运营管理有所认知 |

1. 查阅环球影城主题乐园相关材料,请描述环球影城主题乐园的运营哪些方面让您印象深刻?

2. 环球影城主题乐园的运营有哪些特点?

3. 通过环球影城主题乐园的案例,请思考我国在主题乐园运营方面有哪些值得借鉴的地方?

4. 请写出你所知道的主题乐园的运营之道。

完成效果自评	优秀	良好	合格	不合格
成员姓名				

课中学习

一、组织管理

组织管理(organizational management)是指通过建立组织结构,规定职务或职位,明确责权关系等,以有效实现组织目标的过程。组织管理的具体内容是设计、建立并保持一种组织结构。

【点睛】 主题乐园组织管理是对主题乐园管理中建立健全管理机构,合理配备人员,制定各项规章制度等工作的总称。具体地说,就是为了有效地配置主题乐园内部的有限资源,为了实现一定的共同目标而按照一定的规则和程序构成的一种责权结构安排和人事安排,其目的在于确保以最高的效率,实现组织目标。

二、组织管理的工作内容

概括地讲,组织管理的工作内容包括四个方面。第一,确定实现组织目标所需要的活动,并按专业化分工的原则进行分类,按类别设立相应的工作岗位;第二,根据组织的特点、外部环境和目标需要划分工作部门,设计组织机构和结构;第三,规定组织结构中的各种职务或职位,明确各自的责任,并授予相应的权力;第四,制定规章制度,建立和健全组织结构中纵横各方面的相互关系。

【做中学、学中做】 请收集资料,列举组织管理的工作内容,填写表 4-1。

表 4-1 组织管理的工作内容

组织管理项目	具体的工作内容

【点睛】 组织管理应该使人们明确组织中有什么工作,谁做什么工作,工作者承担什么责任,具有什么权力,与组织结构中上下左右的关系如何。只有这样,才能避免由于职责不清造成的执行中的障碍,才能使组织协调地运行,保证组织目标的实现。

三、组织管理的类型

(一)即时制管理模式

1. 即时制管理模式的内涵

即时制管理模式,西方管理界称为 Just-in-Time(简称 JIT),是配合即时生产而施行的管理模式。即时管理模式经常运用在生产型团队中,即时管理模式是一种需求拉动式的生产模式,其基本指导思想是仅在顾客需要时才生产。在此,"顾客"不仅是指主题乐园最终产品的供应对象,整个主题乐园的制造过程也是一个供求链,下一生产环节均为上一生产环节的"顾客"。因此,在即时管理模式中,每一生产、供应活动、采购活动都是为了满足下一环节的需要而为之。

2. 即时制管理模式的优点

(1)降低成本。即时制管理模式一个突出的优点就是零库存。在传统的生产过程中,一般为了应对需求,都会事先积累大批原材料。这些原材料造成了较多的存货,占用了大量资金,而即时制管理模式强调需求带动原材料的模式,即存货要尽可能低,以节省资金占用。

(2)简化生产程序。传统的生产方式是一种推压式的生产方式,而在即时制管理模式中,这一过程被倒置了。只在需要时才生产,所以市场上产品需求的信号是进行生产的命令;下一环节需要什么,上一个环节就供给什么,整个生产过程被需求"拉动",这就简化了传统的生产模式。

(3)提高产品质量。在即时制的管理模式中,生产信号是"顾客"的要求,比较显而易见;生产中可能隐藏的问题能够及时暴露和解决;各种物质的控制可通过简单、醒目的自动控制实现,而无须通过传统的控制系统、进出存账簿记录、报表单据等来实现;生产和质量的监控责任不再是生产调度和质检部门,而是由一线工人随时而直接进行,因而更有利于提高产品的质量。

3. 即时制管理模式的构建

即时制管理模式的构建必须要考虑即时制管理模式的特点,如前所述,即时制管理模式是一种需求拉动式的生产模式,其基本指导思想是只在顾客需要时才生产,因此即时制管理模式的构建一定要充分考虑这一特点。一方面,由于是"需求拉动"的生产方式,因此具有鲜明突出的即时生产特点,所以为了保障正常生产,团队必须要维持良好的供应关系,原材料要遵循需要按时按量到达生产现场,就需要供应商的密切配合。因此,原材料采购部门的工作重点应随之转移,应致力于寻找货源、商定货价、发展与供应商的协作关系并不断改进三个主要方面的工作,即尽可能就近地发掘可靠且可行的供应商,其判别标准并不是供货价格,更多地还需考虑其产品质量、如期交货的能力及其对即时制的理解、配合和承诺,在此基础上与之谈判并签订长期供应合同。与供应商共商协作目标,比如努力确定双方均能贯彻始终且持久的改进措施,树立百分之百的优质意识,保持定期不间断的信息交流等,建立紧密的关系,在相互支持中建立信任感。另一方面,即时制管理模式要求能够简单且迅速地提供支持和服务,以随时随地解决问题。因此,在构建即时制管理模式时,分权化管理就十分必要。在传统的模式中,例如,机器设备的维护和修理等都是由专门部门的专业人员来承担,如果生产设备发生问题,操作设备的生产人员不负责修理,而是由负责维护的专门人员来进行修理,于是就延长了设备的闲置时间,这在需求推动生产、生产时间紧迫的即时制管理模式中是不被允许的。为了应对这种情况,即时制管理模式必须允许分权,进行分权化管理。这种分权首先是指有关权力的下放,让团队各级成员在其权责范围内充分参与、负责,使其才智和积极性得以充分调动,并对其进行分权、授权和业绩考评,尽可能培养员工的多面手功能,使其能及时解决问题。

(二)并行工程管理模式

1. 并行工程管理模式的内涵

并行工程一词最早是在1986年由美国国防分析研究院(IDA)提出,其定义为"并行工程是一种系统方法,用以整合现行的开发程序,主要整合产品并行的发展和其相关的程序,在全生命周期内实施差异化平行工作程序,并在进行不同信念的交换时,使团队合作、互相信赖、信息共享的具体价值得到体现,以满足顾客的需求"。并行工程的应用核心是把与产品开发和制造生产过程有关的各种工程行为结合在一起,并以并行的方式统筹和实施,而且将并行工程的观念应用于工业研发生产的各个部门。另外,并行工程作为一种系统性方式,也可以整合、并行设计产品及其相关制造流程,包括制造与支持,使开发者考虑到在产品生命周期从概念设计到弃置过程中的各个要项,包括质量、成本、时间与使用者需求。因此,运用并行工程的概念,在产品设计开发之初,就考虑到产品全生命周期中的各项要素,如规格、设计、质量、成本、制造流程、制造、组装、测试、维护、调换等项目,便可适度地降低各阶段在产品开发执行上的难度。并行工程可与即时制管理模式的管理方法互相融合,如运用知识管理的观念及工具将质量管理整合到并行产品及流程开发中等。

2. 并行工程管理模式的优点

(1)降低生产成本。并行工程可在三个方面降低成本,因为它可以将错误限制在设计阶段;并行工程强调"一次达到目的";产品的寿命循环价格降低了。

(2) 提高质量。采用并行工程技术,可以尽可能将所有质量问题在设计阶段解决,使所设计的产品便于制造易于维护,这就为质量的"零缺陷"提供了基础。

(3) 增强功能的实用性。由于并行工程在设计过程中,同时有销售人员参加,有时甚至还包括顾客,紧贴市场趋势,反映用户需求,提高了产品的可靠性和实用性,增强了主题乐园的市场竞争能力。

(4) 缩短产品投放市场的时间。并行工程技术的主要作用就是可以大大缩短产品开发和生产准备时间。据报道,由于实施了并行工程的虚拟产品开发策略,福特公司和克莱斯勒公司将其新型汽车的开发周期由 36 个月缩短至 24 个月,设计和试制周期仅为原来的 50%。

3. 并行工程管理模式的构建

并行设计强调产品开发的各个功能环节之间实现最大限度的交叉、并行及协调。所谓并行不是指同时进行,而是逐步交替实现设计、工艺规划和管理等活动。并行设计要求在设计阶段的每一步骤中都最大可能地考虑有关环节的约束,例如可制造性的约束、可装配性的约束和制造资源的约束等,并且尽量在早期协调解决这些约束。设计早期要设计出产品的模型,进行自评估后,如果不合格则继续设计,完成自身循环。如果自评估合格,则要对其进行工艺设计并仿真、检验设计和检验仿真评估。评估的结果如果合格,则进行产品图纸设计、工序设计、夹具设计、检验工具设计和检验方法设计等,而不是等到整个设计阶段完成后,再修改不恰当的设计。这些环节组成一个完整的子系统。另外,在并行设计中,如果某一个子系统必须以另一个子系统的结果作为输入时,可以做一些假定,使两个子系统并行工作,然后插入若干次中间协调、修改和迭代,使并行设计能在不完整数据的条件下进行,这就需要原系统的协调和管理。譬如,设计过程中,开始的模型建立以前,一般都是按照以前的同类产品的模型进行后续的设计,这样可以最大限度地交叉设计的时间,以缩短设计周期。并行设计是持续改善产品性能的过程,它是在不影响产品功能的前提下,最大限度地不断改进产品设计的工艺性、质量与成本控制和相应的管理规划,以减少制造成本,缩短产品开发周期,提高设计效率,努力做到一次设计成功。

(三) 注意力管理模式

1. 注意力管理模式的内涵

随着互联网的开放性和全球性,各种各样的信息传递实现了真正意义上的"地球村"。对于无限多的爆炸性信息,无论是个人还是团队,其精力总是有限的,如何运用有限的精力筛选和运用有用的信息就成为一个非常重要的问题。信息时代真正稀缺的资源其实就是注意力。诺贝尔经济学奖获得者西蒙曾用一句很精辟的话来概括注意力:过量的信息会导致注意力的贫乏。严格意义上讲,注意力管理是建立在注意力经济的基础上的。注意力经济最早是由美国的迈克尔·戈德海伯在《注意力购买者》中提出来的,是指如何配置主题乐园现有的资源,以最小的成本吸引客户的注意力,培养其潜在的消费群体,获得最大的未来无形资本。进一步而言,注意力管理是指团队对应该关注或应该吸引的注意力资源进行调控、加工、分配的过程,以取得团队综合收益的最大化。

2. 注意力管理模式的优点

注意力管理模式主要运用在具有两种特点的团队中,一种是团队内部注意目标过多;另一种是团队需要吸引外部注意力来取得成功。与此相对应的是,注意力管理模式有以下两大优点:其一,帮助团队成员在注意力"零和游戏"中取得成功。团队成员的注意力总是有限的,说到底都是一种零和游戏。注意力管理可以使团队成员把有限的精力集中到最有价值的注意力目标上去,从而提高整个团队注意力管理的效率。其二,帮助需要引起外部注意的团队引起顾客等外部因素的注意。在需要吸引外部注意力的情况中,团队通过科学规范的注意力管理可以吸引相当一部分顾客、媒体等外部因素的注意,从而达到注意力经济的规范效应。

3. 注意力管理模式的构建

(1) 团队领导应该有正确的注意力方向。由于团队领导所处的较高位置,一言一行都会很受关注,都对团队成员起到联动的扩张效应,如果团队领导对注意力资源的选择运用没有一个正确的方向,就会给团队成员带来负面效应的示范作用。因此,团队领导层一定要谨慎选取注意力资源的方向。

(2) 团队日常管理应该做到程序化、制度化,以提高注意力管理的效率。按照心理学的划分,注意可划分为不随意注意、随意注意和随意后注意。随意后注意是建立在随意注意的基础上,而随意注意具有自动化的特征,不需要意志的专门安排,因此一个团队要尽可能程序化、制度化。只有程序化和制度化的构建才能使应该受到注意的资源得到最充分的注意。

(3) 团队知识管理应该做到重点突出。面对知识爆炸的信息社会,团队在进行知识管理的过程中,应该尽量使员工避免不重要和不相关的信息。哈佛大学一项调查显示,在任意给定的时间,一个美国公司都有不少于16项的注意目标,例如重建团队单位组织结构、学习运用新技术等,这使很多员工都抱怨无所适从,严重的甚至还会处于一种焦虑状态。因此,团队在进行组织管理的过程中,一定要做到注意力集中。

(4) 团队应该根据具体情况,多方面采用方法吸引相关因素把注意力集中到最需要集中的地方。例如,团队无论是在促成内部成员的注意力管理方面,还是在促成外部因素的注意力管理方面,都应该结合管理学、心理学、行为学等多种学科知识来综合运用,这样才能把注意力管理的效果发挥到最大。

(四) 客户关系管理模式

1. 客户关系管理的新型模式——基于数据挖掘的客户管理模式的内涵

客户管理是关系到团队生存的一个至关重要的环节。有人认为:对于面对具有庞大客户资料的团队而言,基于数据挖掘的客户管理信息技术十分重要,以至于聪明的团队都不会丢弃与此有关的任何工作,因为谁掌握了最先进的客户信息谁就赢得了市场。很多著名的企业如摩根银行、通用汽车、微软公司等都采用了最先进的基于数据挖掘的客户管理模式,并从中获得了大量收益。客户关系管理(CRM)模式主要运用在依托客户生存型的主题乐园团队,是主题乐园针对客户进行管理运营的一种主要方式。客户关系管理模式的类型是多种多样的,面对信息化的社会,基于数据挖掘的客户管理模式受到重视,所以本节在对客户关系管理模式进行研究时,将在信息化的大背景中,顺应时代发展的潮流,重点研究基于数据挖掘的客户管理模式。基于数据挖掘的客户管理模式就是利用数据挖掘技术,通过有效且充分的数据挖掘,将团队客户资料从不同角度的分析,从中对客户进行定位分类,明确客户的消费倾向与消费模式,预测客户的风险性与利润性,以此来作为对客户提供服务和产品营销的辅助手段。

2. 基于数据挖掘的客户管理模式的优点

数据挖掘是从大型数据库中发现并提取所需信息的过程,目的是帮助团队分析人员寻找各种数据之间的关联与规律,从而提供有效的决策支持。传统的团队决策支持系统通常是在某个假设的前提下通过数据查询和分析来验证或否定这个假设,而发达国家团队先进的数据挖掘技术是通过数据的自动分析进行归纳性推理,从中挖掘出潜在的模式来帮助决策者进行正确的决策,这就比传统的客户管理系统更有效率。同时,基于数据挖掘的客户管理模式也比一般的数据分析技术如联机事务处理和联机分析处理要先进得多,因为它可以在没有任何假设的前提下挖掘信息、发现知识,可以在数据中自动寻找模型,也可以自动对数据进行分析,因此,它对客户数据的分析也就更深入、更准确。通过数据挖掘,更能准确把握客户的消费偏好和行为模式,能更准确地制定出高效科学的商业策略,使得团队效益的最优化。因此,数据挖掘技术被称为客户管理模式的灵魂。经营学里有个著名的"二八定律",即团队 80%的利润来自 20%的客户,如何科学甄别并把握好这 20%的客户就成为经营型团队成功的关键。很多团队组织都把经营的重点锁定到这 20%的重点客户上。而基于数据挖掘的客户管理模式就可以高效率地识别出这 20%的重点客户。

3. 基于数据挖掘的客户管理模式的构建

基于数据挖掘的客户管理模式的构建主要包括两个部分,一个是六个模块的依次建立,另一个是动态循环系统的建立。

(1) 顾客互动模块和公共信息模块。它为整个客户管理模式提供具体的客户信息,这些信息包括客户的基本信息、财务会计信息、行为特征信息和信用信息等,把这些数据信息进行预处理存入数据库后,可以为团队的客户工作提供有力的支持,团队可以在此系统的支持下选择最为便利的渠道与客户进行沟通,同时也可以在客户营销管理的进程中直接为这些渠道提供信息。公共信息模块是存储信息的模块,它可以为团队提供服务和支持,能使团队便捷地查阅各种信息与行情。同时,这个拥有大量信息的模块系统还可以充分利用资源为客户提供专家服务建议、标准化的流程支持和随时更新的公用信息,使团队和客户都能获得及时宝贵的信息反馈。

(2) 团队产品信息模块和数据存储模块。团队产品信息包括团队为客户所开发的各种传统产品和衍生产品。随着市场的开放与发展,衍生产品层出不穷,团队这些产品的出现为拓展客户服务提供了很大的平台,有关信息包括这些产品的特征、价格、适用等。产品信息模块可以为客户提供有关产品信息的服务和支持并为信息库不断提供新的产品信息。数据存储模块使信息库可以在数据上进行清理和集成,消除信息噪声和不一致数据,使多种数据组合在一起,然后将结果数据存放在分类后的数据仓库中,再根据使用客户管理信息模式的团队请求,数据仓库可以负责高效地提取相关数据。同样,存储模块信息可以进行不断地更新。

(3) 数据分析模块和工作管理模块。一方面,数据分析模块通过定制的评价和分析模型对提取的数据进行分析和评价,然后按照团队的业务侧重点把目标客户从中筛选出来;同时,以各种信息为基础,分析出客户的行为特征,这样就可以为团队进行个性化的服务提供分析依据。另一方面,为团队指定客户拓展策略和创新产品提供依据。工作管理模块的主要任务是对团队重点客户进行管理。团队客户经理通过该工作平台,针对不同的客户,将合适的产品通过合适的渠道在适当的时期以合理的价格销售给不同的目标客户,这就克服了传统客户管理费时费力地在庞大的客户资料中甄别重要客户的弊端。同时,基于数据挖掘的工作管理模块更能高效、科学地根据不同的客户群制定出针对性很强的销售策略。

(4) 动态循环系统的构建。客户管理模式的动态流程主要包括挖掘目标客户、满足客户产品需要、提高团队客户管理的精确性、提高客户忠诚度四个方面。基于数据挖掘的客户管理模式自始至终都围绕这四个流程进行服务。

① 挖掘目标客户。鉴于任何团队的人力资源和资金都是有限的,因此不可能满足所有客户的需要。团队应首先根据实际情况找准市场定位,挖掘目标客户,这样才会更有效率和针对性。经过处理的拥有庞大客户信息的顾客互动模块就是为满足挖掘目标客户的需要而进行设置服务的。

② 满足客户产品需要。团队要经常在与客户沟通的基础上,给客户提供满意的产品服务,以满足客户的需要,提供市场公用信息的公用信息模块和提供团队具体产品信息的主题乐园产品信息模块为满足这一功能提供着支持与服务。

③ 提高团队客户管理的精确性。只有当团队客户管理的水平上升到一定精确性,团队客户管理才能真正赢得效率和效益的双重目标。能够有效提高客户管理的精确性是我国团队客户管理缩短与发达国家团队客户管理差距的主要衡量目标。数据存储模块和数据分析模块在提高团队客户管理精确性方面发挥着重要的技术支持作用。

④ 提高客户忠诚度。激烈的市场竞争使团队开发新客户的成本远高于维系老客户的成本,维系一位老客户的成本仅为吸引一新客户成本的五分之一,忠诚的老客户是团队稳定的利润来源。事实上,包括工作管理模块在内的六个客户管理系统模块其实都是在为提高客户忠诚度、争取和留住目标客户服务。

【做中学、学中做】 请收集资料,列举组织管理的类型,并分别说明其内涵、优点及其构建方法,填写表4-2。

表4-2 组织管理的类型及其内涵、优点和构建方法

类 型	内 涵	优点和构建方法

续表

类型	内涵	优点和构建方法

四、组织管理的对象

组织管理的对象是指具体的管理活动所针对的对象,主要包括组织目标、组织结构、组织职能、组织流程等与组织运行密切相关的要素。

(一)组织目标

主题乐园组织心和其他组织一样是一个特定的目标体系,且在现实中具有目标的一致性。作为管理的主体,组织的建立和活动都是为实现一定目标服务的。管理的目标也就是作为管理主体的组织的目标,离开了共同的目标,也就失去了组织存在的灵魂。共同目标使此组织与彼组织区分开来,一旦组织的共同目标发生变化,组织也就发生了变化。在既定组织目标的指引下,组织成员互相进行沟通,各尽其职,实现组织目标,共享组织发展带来的成果。也就是说,组织是通过把管理目标的每项内容落实到具体的岗位和部门来实现管理职能的,从而保证管理系统中的每一件工作都有人做,每一项任务的具体要求和工作程序都有人贯彻和执行。

(二)组织结构

任何主题乐园组织都是由作为组成要素的人按照一定的结构建立起来的系统,且具有系统性。由于人的主观局限性,所以主题乐园组织必须具有纵向的上下层次关系和同层次之间的横向或交叉关系。上下层次是一种权力和责任分配的关系,横向层次则是一种专业分工的关系。其实,权责关系与专业分工关系在本质上还是权力与责任的问题,是管理系统中的每一件事都能做好的保证。

管理系统中的每一个岗位和部门必须权责一致,因为权力过小担不起应负的职责,权力过大虽然能保证任务的完成,但可能导致权力滥用,甚至影响到整个系统的运行。就整个组织的运行而言,它既要有对内的封闭性,又要有对外的开放性,保持封闭与开放的辩证统一,才能实现组织的持续发展。

(三)组织职能

主题乐园组织工作和组织活动的关键在于合理地向分系统和成员分配工作,合理调整各个分系统的关系。当组织内部因素变动或外部生存环境变动而引起组织的不适应时,组织的职能在于经过调整而重新适应,统一组织的各种行为。主题乐园组织活动的职能在于消除不断产生的各种无序状态,保持系统的有序性。如果主题乐园组织完成不了这种职能,无序状态不断加剧,就有可能导致组织的崩溃。

(四)组织流程

当主题乐园组织管理的焦点集中于部门内部人与人之间的关系,就是对职能的关注。而当主题乐园组织管理的焦点集中于部门与部门之间的关系,就是对流程的关注。此时的组织关系管理主要指宏观和微观的流程管理,即把主题乐园内部所有部门之间的职能和本主题乐园与其他主题乐园相关的产品功能进行时间上和空间上的搭配与组合。只有使所有职能关系都按照实现主题乐园目标的要求,纳入主题乐园的分工与协作体系,并体现出高度的系统性和逻辑性,主题乐园才能在不断变化的外部环境面前及时做出有效的回应。如果部门与部门间、此主题乐园与彼主题乐园间的信息沟通不畅,目标体系不配套,相关控制指令不统一,那么组织流程必将效率低下,甚至彻底失败。

【做中学、学中做】·请收集资料,列举组织管理的对象并简述其主要内容,填写表4-3。

表4-3 组织管理的对象及其主要内容

组织管理的对象	主要内容

五、主题乐园组织管理模式

主题乐园管理

主题乐园组织管理模式即主题乐园如何组织和管理主题乐园的内部关系和外部关系,它决定着主题乐园的绩效,蕴含着创新及创业的机会。特许经营是主题乐园组织管理模式上的一大创新,它综合主题乐园制度的灵活性与大主题乐园制度的一致性要求的优点。在处理主题乐园与连锁店的关系上具有一定的灵活性,如根据其条件、实力给予不同的优惠和支持,在经营方式上具有高度的统一性,以保证品牌不受伤害。麦当劳、肯德基等主题乐园在创业初期就是通过特许经营方式迅速成长为世界性的主题乐园。另一类主题乐园经营模式上的创新是网络型主题乐园的组织形式。它是以一种网络形式将设计者、供应商、制造商、分销商联结在一起的组织,其中的每个主题乐园都能够专注地追求它自己独特的竞争力。这种组织管理模式兼有职能型结构的技术专业化、产品型结构的市场反应能力以及矩阵结构的平衡和灵活性。在这种组织形式中,组织成员是由合同(市场机制)而不是层级和权力组织起来以实现组织目标,不合格的成员将被剔除和更换。因此,成功的网络组织提供了潜在的柔性、创新性、对威胁和机会的快捷反应能力以及降低了成本的风险。这种组织管理模式在电子、玩具和服装行业很普遍,它们都要求快节奏地制造和销售流行产品。例如,美国锐步公司虽然没有自己的工厂,但它有很强的设计和销售部门,所以会选择最好的生产主题乐园作为其网络成员。在这种创新的组织管理模式中,准确地定位专长领域,选择网络成员和彼此真诚、相互信任的合作,是其成功的关键。

【做中学、学中做】 请收集资料,列举主题乐园的组织管理模式及其优点和代表企业,填写表4-4。

表4-4 主题乐园的组织管理模式及其优点和代表企业

主题乐园的组织管理模式	优　　点	代　表　企　业

课中实训

实训项目	以小组为单位,选择附近的景区,调查至少两种类型的景区解说服务,分析被调查景区解说服务的特点以及解说服务管理的现状,能对其解说服务提出改进意见
实训目标	1. 加深对景区解说词特点的认知; 2. 了解目前景区解说词的现状; 3. 结合课中学习内容,掌握景区解说词的优化方法
实训地点	
物料准备	相机或者智能手机、笔记本、笔等
实训过程	1. 被调查景区解说属于哪种类型? 2. 被调查景区解说服务有哪些特点? 3. 被调查景区解说服务存在哪些问题? 4. 被调查景区解说服务方面可以从哪些方面进行提升?

实训总结	通过完成上述实训项目,你们学到了哪些知识?	
实施人员	组长:	成员:
实训成绩	实训考勤(20分)	
	小组组织(20分)	
	项目质量(60分)	
效果点评		

课后拓展

组织管理的另一半

作为主题乐园组织中的一员,我们应当清楚,组织的存在是为了实现目标,提升效率。阅读以下文章,对照已有的认知,看看你对组织管理有哪些理解和误解?

人类为了生存和发展,需要有组织(有共同目标的人群集合体),这是因为组织有潜在的优势:它能使单个人所做不到的变成做得到的;它能通过分工,取长补短,从而取得比各个人所能取得的效果之和大得多的整体效应;它能超越个人的生命而持续不断地发展。因此,怎样提高整体力就成为管理中永恒的主题之一。

在变化极其迅速的当今时代,我们必须重新调整组织结构,人们应该从习惯的组织模式中超越出来,了解和构建一种全新的组织观念。汤姆·彼得斯说"我们姑且称为网络式的公司"。汤姆·彼得斯所预言的组织虽然没有普遍存在,但是他让我们明白了一个道理:组织必须柔性化,同时又能够承担特定的目标。

如果用我习惯的简单描述语言的方式来描述组织属性可能更为清楚:组织的存在是为了实现目标,组织管理的存在是为了提升效率。因此对组织的正确理解如下。

1. 组织是一个实体

当我们说组织是一个实体的时候,就意味着这样一件事情——在组织中我们需要用目标、责任、权力来连接。组织有正式组织与非正式组织之分。正式组织就是指运用权力、责任和目标来联结人群的集合;非正式组织是指用情感、兴趣和爱好来联结人群的集合。我们在管理概念下主要是谈正式组织,因为当说到组织管理的时候,应该就是谈论责任、目标和权力。所以,组织理论从简单的意义上讲,就是探讨责任与权力是否匹配的理论,组织结构设计从本质意义上讲就是一个分权、分责的设计。

所以当我们理解组织是一个实体的时候,也就意味着对组织而言,不能够谈论情感、爱好和兴趣,不能够希望组织是一个"家"。联想"大裁员"所带来的震动,如果从组织理解的角度来看是不应该的,但是竟然掀起了波澜,其缘由是员工认为"联想应该是个家"。可是,我们只能够抱歉地告诉大家,组织不是家,它更注重的是责任、权力和目标,当目标无法实现的时候,组织也就没有存在的意义,而组织中的人也就失去了存在的意义。

写到这里,我觉得有个小问题更有意思,那就是,家庭管理是非正式组织管理。我这样说是想提醒大家,在家庭这个组织中,从属性上讲是正式组织,但是从管理模式上讲是非正式组织管理。所以回到家里,一定要讲情感、爱好和兴趣,千万不要讲责任、目标和权力。可是我们看到的情况常常是反过来的,到家里大讲责任、权力和目标,到主题乐园里大讲感情、爱好和兴趣,结果完全弄反了。当我们说组织是一个实体的时候,还意味着另外一件事情:同一个权力、责任和目标必须是同一组人承担。

在组织中看到的机构臃肿、效率低下、人浮于事、责任不清、互相推诿的情况出现时,你必须先看看是否存在同一件事情有两组人在做,同一个责任有两组人在承担,同一个权力有两组人在使用,这些情况的存在恰恰是出现上述情况的根本所在。这些情况我们可以用一个词来代表——"组织虚设"。虚设的组织在主题乐园中大量存在,比如一个主题乐园设立了市场部门,但是又设有营销部,有各个职能部门又专门设立一个管理部。结果大家都有责任,都不需要负责任。组织中最可怕的就是"组织虚设"。

2. 组织里的人是公平而不是平等

在管理中,一直有个问题是大家所疑惑的,那就是管理应该讲求民主还是讲求集中?大家会给你各种答案,只是疑惑还是存在,问题就出在人们将一个人在社会结构中的权力与一个人在组织结构中的权力混为一谈。

在社会结构中,人与人之间是一个以生存为前提的存在,人们受到法律和道德的双重约束,在法律和道德面前,人与人应该是公平而且平等的。但是在一个组织结构中,人与人之间是一个以目标为前提的生存,人与人应该是承担各自的责任和目标,从而拥有了不同的权力,因为这些的不同,人与人应该是公平的但非平等的。

从构成上讲,组织行为学包含个体、群体、组织三个部分。在理论的对应上,个体对应领导理论,群体对应激励理论,组织对应结构理论,这样一个对应可以理解为,在组织中可以称为个体的应该是领导者,而对所有的群体人员而言,更多的是激励,相对于结构更是分层次、分上下。也许这样的解释有些不科学,但是如果你愿意好好地去理解,应该是能够接受这种说法的。

组织的重点是人,这是不能够怀疑的。但是在这个前提下,不能怀疑的还有一点就是,组织里的人并不平等。当我们处在组织中时,也须认清自己的角色和位置,不能够以为自己可以解决一切问题,自己也应该可以表达所有的意见,自己也应该发表意见。

有一次,我到美国访问全美最大的饲料主题乐园美国联合饲料公司,当我与董事长聊天的时候,我请教关于公司当年的经营业绩,董事长很认真地告诉我说,请原谅他不能够回答我的问题,因为这个问题需要总裁来回答。

同样的情况,当我与总裁先生见面的时候,我们谈到市场、谈到客户、谈到联合饲料的客户问题,总裁请市场部的经理来回答,不是自己简单地回答问题。这给我非常深的印象以及非常大的影响。

我们的组织中,每一个人在关心他认为的组织中重要的东西,组织里所有的问题大家都可以发言,但是对于自己专业范围内的事情,却让他人看不到专业的意见和解决之道。

每个人都对别人的领域感兴趣,尤其是对上司的领域感兴趣。

我去过中国很多主题乐园,当我与高层谈话时,他们讲得最多的是用人、效率、品质、管理制度;当我与中层交谈的时候,他们讲得最多的是公司的战略、公司发展、竞争对手、市场;当我与公司的基层聊天的时候,他们讲得最多的是成长、发挥才能等。结果是,每一个层面的人都没有关心这个层面应该关心的问题,每一个层面都从更高层面思考和工作,恰恰丧失了组织本身所应有的功能。

3. 分工是组织管理的根本方法

组织的能力来源于分工带来的协作,没有分工组织结构就没有活力。对于组织而言,无论是结构设计,还是人员选择,如果运用得当,可以简化和澄清组织中一个很关键的问题,也就是谁控制什么的问题。在任何一个公司中,清晰的沟通线、控制线、责任线和决策线都是至关重要的。要得到这个清晰的脉络,需要分工的设计,不能够依靠人的自觉,或者管理的制度,因为组织结构本身就应该做好这件事情。

很多公司对自己管理制度的健全和完善津津乐道,但是,我还是更倾向于先解决组织分工的问题,管理制度越少越好,因为制度本身就有一个成本的问题,好公司是一个有机的组织,它有健康且有活力的文化、专业化的分配制度。这样,一个主题乐园的管理体系就足够了。

组织分工主要是分配责任和权力。组织必须保证有人承担应该承担的责任。同时负有这个责任的人拥有相应的权力。我们看到,一说起国营主题乐园的问题,往往会归结到体制问题上去,这样也可以解释,但是其中还有一个关键的问题是组织管理的问题。

在国有主题乐园管理中,我们一直非常推崇民主决策,但是决策的责任不是民主来承担的,结果就出现了"大家管、管大家,大家拿、拿大家"的情况。国有主题乐园的管理有其好的一面,但是没有明确的责任意识,没有明确的分工,只有主人翁意识的确是错误的。

学习韦伯(Weber)的"行政官僚组织"理论时,对于他强调的"权力、职位、非个人性、法律"这四个概念,主张以最理性的方式预先假定了法律和权力的概念的时候,我还不是很理解,为什么一定要很理性地来做这个设计?

等到接触了亨利·法约尔(Henri Fayol)提出的14条管理原则,才明白行政管理思想的基础有四个关键问题:第一,劳动分工;第二,等级与职能过程;第三,组织结构;第四,控制范围。我知道他们的理论正是西方整个政府管理体系效率的依据,即用专业化和等级制度才能使组织效率最大化。

4. 组织的目标必须明确而单纯

每个人都知道组织是有目标的,每个人都承认组织目标非常重要。但是,如果我们需要确认什么才是组织的目标,什么才是组织内部每个部门的目标时,往往发现答案并不是唯一的,更糟糕的是,更多的人会认为一个组织应该有很多个目标,并且这些目标可以随时改变。

在现实生活中,我们必须承认组织是存在着多个目标的。但是,我们不能够因为这是现实而觉得就应该接受这个观点。如果我们仅仅从组织本身来看,因为环境的复杂程度不同,每个组织所要接受的条件不同,以及每个组织的能力不同,导致组织的确需要解决很多问题并承担多个责任,因此组织具有了多个目标属性。

可我们还是需要回到从管理的结构上看待问题,管理的概念就是要解决问题,从解决问题的角度看,组织的目标应该明确且单纯,这样的依据是如果我们以时间单位为参照,这样,在一个时间坐标内,组织的目标是明确且单纯的。

理解组织的目标,一定要站在管理的角度、站在解决问题的角度。我们在管理上往往容易犯的错误就是忽略了管理的时间特性,忽略了管理是一个权变的概念。如果用静态的方式来思考管理的问题,我们对很多问题的认识都会出现不可扭转的错误,会把大家带入歧途,对于组织目标而言,这一点尤为重要。

记得,有一次在上组织行为学的课程时,一个身处高管位置的学生问我:"追求技术领先是不是主题乐园的目标?"我竟然一下子回答不了。

其实对于主题乐园组织而言,它的目标非常简单——持续的获利能力。一般认为,合理的战略始于确立正确的目标,而我们可以套用迈克尔·波特的观点,能支持合理战略的唯一目标就是超强持续的盈利能力。如果不是从这个目标出发,那么,组织很快就会被引入摧毁的歧路上。

如果组织的目标是盈利之外的任何东西,譬如这个目标只是将组织做大,或者是快速成长,或者是成为技术领导者,那都会使组织陷入麻烦之中。因为这时,你为了追求这些看似正确的主题乐园目标,投入了所有的资源,但换回来的可能是失去主题乐园持续发展的能力。

管理也是一个因果关系,主题乐园组织因为超强的持续获利能力而获得了技术领先、足够大以及可以快速成长,千万不能够反过来把这些因果倒置。

当我们追求大、追求技术领先、追求快速成长时,必须记得这些不是组织的目标,这些只是过程中的一个个环节或一个个结果,而不是目标。

当我们分析一个主题乐园成功或者失败时,我们会找出很多原因。不过如果愿意好好思考一下组织目标存在的问题,或许答案会简单很多。

(资料来源:陈春花.对组织管理的理解,我们只对了一半[EB/OL].https://www.sohu.com/a/240019575_100002975.(2018-07-09)[2022-08-01].)

思考:请调查周边地区的主题乐园的运营现状,了解主题乐园的运营规律,思考如何改进与完善主题乐园的运营?

项目五

做好主题乐园的人力资源管理

课前导入

迪士尼主题乐园人力资源管理之道

迪士尼公司的首席执行官(CEO)迈克·伊斯纳说:"我们不是希望将员工放在迪士尼中,而是希望将迪士尼放在员工心中,我们要以'心'服人!"

迪士尼公司现有雇员5万人,有人力资源管理岗位500多个。公司每天要雇用新员工100名左右,同时又要处理现有员工岗位轮换及升调等工作,可见人力资源管理工作的重要性。对此,迪士尼公司早已对员工的管理形成了一套完整的、行之有效的体系。

1. 舒心的招聘

迈克·伊斯纳曾经说过,保持公司良好的主题乐园文化是他所要做的最重要的事。迪士尼公司在城郊设有专门的面试中心。通常,面试中心每天要接待150~200名初试合格的应聘者,其中有30%左右是由公司员工推荐来的。在应聘者前来应聘之际,公司会向他们提供一些令人舒心、细致的服务。当他们到达面试中心后,公司会分发列有公司全部岗位清单小册子。经过这一系列的安排,通过层层面试的新员工在进入公司工作之前就会基本了解公司的主题乐园文化,这也有利于规范他们的言行,保证公司沿着既定目标发展。

2. 精心的培训

在新员工培训方面,迪士尼公司要求每一个新员工都要接受迪士尼大学教授团的新员工主题乐园文化训练课,以便认识迪士尼的历史传统、成就、经营宗旨与方法、管理理念和风格等。除了这些培训外,迪士尼专为新员工制定了一个为期3天的个性培训,第一天上午学扫地,下午学照相;第二天上午学包尿布,下午学辨识方向;第三天上午学怎样与小孩讲话,下午学怎样送货。

在老员工培训方面,对于有一定经验的迪士尼员工来说,他们需要接受的培训更多,从内容到形式都非常丰富。比如,在"生涯提升周"时,员工可以选择上"未来生涯"课,这些课会告诉员工,迪士尼乐园中有哪些新的机会以及该如何去准备。还有一种课程叫"应征课程",它培训员工如何做一份好的履历表,如何通过履历表推荐自己以及如何与主试者面试交流。

3. 诚心的沟通

迪士尼公司员工众多且工作领域分散,因此公司采取构建内部沟通网络以保持公司内部的有效交流,及时准确地传达相关信息。早在20年前,迪士尼公司就开始实行公范围内的员工协调会议,每月举行一次,公司管理人员和员工一起开诚布公地讨论彼此关心的问题。每周一次的上下级沟通,一方面要求员工能够开诚布公,畅所欲言;另一方面也要求主管认真倾听,给出建议。

4. 全新的激励

让员工制订弹性工作计划,建立员工兴趣小组,实行导师制度,组织大家开展休闲娱乐活动,提供便利设施、服务和奖励。

(资料来源:赵清竹.迪士尼如何培训新员工[EB/OL].https://finance.sina.com.cn/manage/commanage/20050815/13581887551.shtml.(2005-08-15)[2022-09-01].)

本案例中迪士尼人力资源管理有何过人之处?如果你是一个主题乐园的HR经理,你将如何优化公司的人力资源管理工作?迪士尼的经验对日照市的主题乐园有什么借鉴意义?

课前导入任务单

任务名称	做好主题乐园的人力资源管理	时间		班级	
成员名单					
任务要求	从现象方面能初步对主题乐园的人力资源管理有所认知				

1. 查阅迪士尼的相关材料,请描述迪士尼人力资源管理的哪些方面让你印象深刻?

2. 迪士尼人力资源管理有哪些特点?

3. 通过迪士尼的案例,请思考我国在发展具有中国特色的人力资源管理方面有哪些值得借鉴的地方?

4. 请写出你所知道的主题乐园人力资源管理的可取之处。

完成效果自评	优秀	良好	合格	不合格
成员姓名				

课中学习

一、人力资源的相关概念及其定义

(一)人力资源

从主题乐园管理的角度看,人力资源是由主题乐园支配并加以开发的,依附于主题乐园员工个体的,对主题乐园经济效益和发展具有积极作用的劳动能力的总和。

主题乐园人力资源管理

"人力资源"一词是德鲁克在1954年的《管理的实践》一书中提出的。人力资源是创造利润的主要资源,具有战略性、能动性、社会性、复杂性、时效性、可再生性和无限性等特征。概括起来说,人力资源的价值来源于两个方面,即手和脑。第一,人具有体力,体力是主题乐园组织生产劳动的必备要素,是主题乐园存在的必要条件,所以体力是人力的工具特性。第二,人具有脑力,脑力是主题乐园发展的充分条件。脑力可以使人调用其他各种资源、优化资源结构、利用其他资源创造价值,脑力是人力的智力特性。正是因为人力同时具备两方面的特性,使它比资金资源更重要,所以称人力资源是主题乐园的第一资源。为了说明人力对主题乐园的巨大作用,宝洁公司前董事长 Richard Deupree 说过这样的话:"如果你把我们的资金、厂房及品牌留下,把我们的人带走,我们公司会垮掉;如果你拿走我们的资金、厂房及品牌,而把我们的人留下,10年内我们将重建一切。"

天下道理都是相通的,主题乐园之间的竞争和国家之间的竞争是相似的。汉初,刘邦曾经与群臣讨论过他成功而项羽失败的原因,所得的结论就是,刘邦知人善任,诸如张良、萧何、韩信等人都能充分施展他们的才华,而项羽只有一个范增,也没有充分发挥他的作用。原话是"夫运筹策帷帐之中,决胜于千里之外,吾不如子房;镇国家,抚百姓,给馈饷,不绝粮道,吾不如萧何;连百万之军,战必胜,攻必取,吾不如韩信。此三者,皆人杰也,吾能用之,此吾所以取天下也。项羽有一范增而不能用,此其所以为我擒也。"

类似的历史事实有许许多多,它们所表明的就是:凡能够重视人力资源的,虽弱而强,能够得到可持续发展,最终可以取得成功;凡不能够重视人力资源的,虽强而弱,可能会盛极一时,但终究必败。所以我们说,人力资源是一切资源中最宝贵的资源,是一种可持续发展的资源,是能够影响全局的因素。

(二)人力资本

人力资本(human capital)理论的创始人是美国芝加哥大学教授西奥多·舒尔茨(T. W.Schultz),他在1960年出任美国经济学会会长时,发表了题为《人力资本投资》的就职演讲,该演讲精辟地阐述了他关于人力资本的观点。舒尔茨认为,人力资本是通过对人力资源投资而体现在劳动者身上的体力、智力和技能,它是另一种形态的资本,与物质资本共同构成了国民财富,而这种资本的有形形态就是人力资源。

"人力资源"的概念被引入中国后,无论是管理学界还是主题乐园界都对这一理念趋之若鹜。然而,当国内主题乐园对"人力资源"概念刚刚开始接受时,"人力资本"又相继而来。这两个概念仅一字之差,从字面上不容易区别出本质上有什么不同,更不容易作出伯仲优劣的判断。

这两个概念都是"舶来品",虽然在国外已经存在了几十年,并且得到了很好的应用。但在国内——即便是正在"实践"的许多主题乐园和正在研究的许多学者——都有各自不同的角度和观点。人力资源与人力资本之间的区别主要是在于"资源"还是"资本"的区别。对组织来说,资源是组织从外部获取的、自然形成的、不用加工就可使用的原料,如空气资源、水资源等自然资源;而资本则是指经过组织内部加工后形成的、可以为组织所专用的资源,如人力资本等。二者区别的关键点在于这种为组织所利用的东西是从组织外部获取的原生态的,还是在内部加工形成的具备增值特性的。

因此,回归到人力资源和人力资本本身,人力资源就是指主题乐园组织从外部可以获取的通用的人力总和,是未经组织开发的遗传素质与个体,那么其中就不能包括主题乐园组织对后来获取的人力进行教育、培训、训练后所形成的具有一定专业性的人员。而后一种人员应该是指人力资本,所以这对我们通常所说的人力资源管理也应该有一些启发。人力资源管理一般应该是指对主题乐园内通用的人力资源的管理,而人力资本的形成过程应该是指我们通常所说的人力资源开发过程。

(三)人事管理与人力资源管理

人事管理一词源于英语 personnel management,本意是"人员管理"。日语中译为人事管理,后被普遍采用。人事管理作为一门科学诞生于 20 世纪初的美国。人事管理的实践同人类社会的历史一样悠久。原始社会的部落管理、奴隶社会的军事组织和生产组织等,从某种意义上说,都属于人事管理。

人力资源管理(human resource management,HRM)是一门新兴的学科,产生于 20 世纪 70 年代末。那么,如何定义 HRM 呢?人力资源管理就是指组织为实现的战略目标,对人力资源的获取(招聘、甄选)、维持(薪酬福利、员工关系)、激励(绩效考核)及深度开发(培训发展)的过程。简而言之,人力资源管理的根本目标就是:事得其人(获取、维持)、人尽其才(激励、开发)。为了实现"事得其人,人尽其才"的目标,需要完成两项基础工作:了解分析"事"(即事是什么,需要怎样的人来完成),了解分析"人"(即分析预测人力资源的供给与需求),并在此基础之上制定人力资源各模块的工作目标以及实施方案,这就是人力资源规划。

(四)传统人事管理与现代人力资源管理的区别

传统人事管理把人设为一种成本,将人当作一种"工具",注重的是投入、使用和控制。而现代人力资源管理是把人作为一种"资源",甚至是"资本",注重产出和开发,取得"资源"的最大使用价值和"资本"的最大增值效益。作为"工具",即可以随意控制它、使用它;作为"资源",即特别是把人作为一种资源,就得小心保护它、引导它、开发它。难怪有学者提出:要重视人的资源性管理,并且认为 21 世纪的管理哲学是"只有真正解放了被管理者,才能最终解放管理者自己"。

【做中学、学中做】 请收集资料,列举主题乐园人力资源的相关名词及其概念,并分析其区别与联系,填写表5-1。

表5-1 主题乐园人力资源的相关名词及其概念、区别与联系

主题乐园人力资源的相关名词	概　　念	区别与联系

二、人力资源规划

了解分析"事",了解分析"人"。因此,主题乐园人力资源规划可以定义为主题乐园从战略规划和发展目标出发,根据其内外部环境的变化,预测主题乐园未来发展对人力资源的需求,以及为满足这种需求所提供人力资源的活动过程。因此,根据这些分析,人力资源规划应包含:对"事"的分析,即工作分析;对"人"的分析,即分析预测人力资源的需求与供给;制定人力资源的总的和各模块的工作目标以及实施方案。

（一）工作分析

我们常常会产生这些疑问:为什么有人工作量很大,做也做不完,而有的人却没活干,整天喝茶看报纸?为什么会有人工作相互重叠,有功劳大家争,有责任没人担?为什么会有工作没人去做,贻误时机?为什么招聘的员工,会常常不符合要求?为什么不能完成客观的绩效考核,勤无奖、懒无罚?为什么主管难以确切地评价下属员工的工作成绩是好是坏?为什么公司投入了培训却没有达到期望的效果?

这是因为我们并不了解每个人的工作量是多少,我们并不了解到底需要多少员工,我们并不了解如何有效地考核员工的工作,我们并不了解如何有效地发挥每个人的作用,我们并不了解员工为什么对自己的工作产生倦怠。所以,做好工作分析就十分重要了!

1. 工作分析的定义及内容

工作分析(job analysis)也称岗位分析、职位分析、职务分析,是对主题乐园各类工作岗位设置的目的(即为什么要有这个岗位)、任务(即要做哪些具体工作)、职责、权限以及员工承担本岗位任务应具备的资格条件所进行的系统分析与研究。工作分析是解决"工作是什么?"和"什么样的人来做最适合?"的问题。

（1）"工作是什么"就是指工作岗位的目的、任务、职责、权限和工作岗位的基本信息(例如,性质、名称、编号、工作地点、工作条件、所在部门、组织结构、上下级等),其中的核心内容是工作任务。它应该包含7项信息(6W1H),即what(做什么)、why(为什么要做)、who(谁做)、whom(为谁做)、when(何时做)、where(在哪里做)、how(怎样做)。

（2）"什么样的人来做最适合"就是指任职资格。任职资格是指为了保证工作目标的实现,任职者必须具备的知识、技能、能力和个性等方面的要求。它常常以胜任职位所需的学历、专业、工作经验、工作技能、能力等加以表达。主题乐园的任职资格通常以素质模

型的形式体现,如"素质的冰山模型"或"素质的洋葱头模型",但无论是哪一种模型,从表层到深层或从外到内都依次包含知识、技能、价值观/态度、社会角色、自我形象、个性、动机等因素。这些因素综合概括为任职资格或选人标准的通用六个维度:专业知识(K)、专业技能(S)、综合能力/通用能力(A)、个性特征(P)、求职动机(M)、价值观(V)(注:价值观即决定态度)。

2. 工作分析的作用

工作分析的作用是人力资源管理的最基本工具,为人力资源各模块的工作提供参考基准。具体的作用是:为确定组织的人力资源需求、制订人力资源计划提供依据;为组织结构设计提供基础,并确定了各岗之间的相互关系,以有利于合理的晋升、调动与工作指派;使工作有标准可依,并有利于工作再设计和方法改进;使招聘活动有明确的目的;使培训和开发有明确的方向(围绕任职资格中的能力、素质要求),并便于制定指导与培训教材;使得职务评价和报酬达到公平和公正;为业绩评价提供客观标准,有利于管理人员执行监督职能及员工进行自我控制;有利于对作业安全的提高重视与防范等。

3. 何时需要做工作/岗位分析

当出现以下情况时,需要进行工作分析。战略调整或业务拓展时;工作内容与性质发生变化时;兼并、扩充、增加生产线时;改变编制,重新定岗定员时;引进新设备、工艺、技术时等。

4. 谁来做工作分析

工作分析由人力资源部门负责总体策划和审定,各部门主管人员结合主题乐园实践,参与或组织人员编写。在岗员工结合个人实践提供经验资料,人力资源部门做出规范、完整、系统的工作分析。

5. 工作分析的信息收集方法

工作分析的信息收集方法主要有:观察法、工作实践法、典型事例法(关键事件法)、座谈法、写实法、问卷法等。

6. 工作说明书/岗位说明书

工作分析的产出果实就是工作说明书(一般也称为岗位说明书),它依次包含岗位基本信息、岗位目的、任务描述、岗位职责、岗位权限、任职资格等,此外,工作说明书的内容可以依据岗位工作分析的目标加以调整,内容可繁可简。

(二) 分析预测人力资源的需求与供给

1. 人力资源盘点

人力资源盘点就是对现有的人员数量、质量(优、中、差或合格、不合格)、结构(对人事信息的年龄、性别、教育程度、工作年限的分析)、流失状况(离职率)等进行核查,以掌握目前拥有的人力资源状况(存量),用以预测人力资源需求或挖掘潜在人才(了解存量、盘活存量)。"人力资源盘点"并非只是人力资源部门的例行工作事项,往往也是公司在面临重大决策时(如并购、扩张、投入新产品、退出市场或裁员等)针对公司整体资源进行盘点评估中的重要一环。

2. 人力资源需求预测

人力资源需求预测工作与人力资源盘点可同时进行,主要是根据主题乐园的发展战略规划和主题乐园的内外部条件选择预测技术,然后对人力需求的结构、数量、质量进行预测。在预测人员需求时,应充分考虑一些因素对人员需求的数量和质量以及构成的影响,如市场需求、产品或服务升级以及管理革新对新技能人才的需求;计划内人事更替以及人员流失;工作时间及生产率的变化;可使用的人力成本财务预算。

3. 人力资源供给预测

人力资源供给预测主要是对两个方面进行预测,即外部人力资源供给预测和内部人力资源供给预测。外部预测主要是预测市场供求状况及人力成本,以便采取相应的对策。内部预测主要是预测继任候选人及继任候选人的晋升能力状况,以约定内部的人力资源供给能力。

(三) 制订人力资源工作计划

有了对各项工作的分析、预测后,那么就可以制定人力资源的目标与政策以及各职能模块工作的具体行动方案。要注意,在编制计划时,既要保证主题乐园短期的需要,也要充分考虑主题乐园的长期发展需求,既要能促进员工现有人力资源价值的实现,又要能为员工的长期发展提供机会。

【做中学、学中做】 请收集资料,列举主题乐园人力资源规划,并列举其主要内容,填写表 5-2。

表 5-2 主题乐园人力资源规划及其主要内容

主题乐园人力资源规划	主 要 内 容

三、招聘与甄选

人力资源管理的终极目标是将合适的人放在合适的位置上做正确的事。实现主题乐园经营目标和社会责任的关键是人,决策用人是主题乐园最大的风险,而解决风险的关键是有效招聘。

(一) 招聘

1. 招聘的定义、目的、内容

招聘是指组织为了满足发展的需要,根据人力资源规划和工作分析的要求,寻找和吸引那些既有能力又有兴趣的人,并从中选出适宜人员予以录用的过程。招聘的目的就是要以最低的投入招到最合适的人,实现组织最佳的人岗匹配。招聘包括两个主要方面:一是招募,即让尽可能多的人参加组织的应聘;二是甄选,即从众多的应聘者当中筛选出能够满足组织需要的人予以录用。

2. 招聘的原则

招聘是一场理性的"婚姻",轻率的招聘既是对员工的不负责任,也是对公司的不负责任。招聘是人力资源管理的第一环节,是与绩效考评并齐的世界性管理难题。这是因为:一是寻找人才的源头难,即在什么地方、用什么方式找到所需要的优秀人才,真正的人才是可遇而不可求的;二是吸引人才难,即条件与待遇常常并不能吸引好的人才;三是识别人才难。

(1) 人岗匹配原则(或称能岗匹配)。招聘的目的不是选拔和录用最优秀的人员,而是要招聘到最合适的人员。实际上,在招聘之前,已经有了这个人的轮廓(工作分析中的任职资格),并详细界定了他的各种素质和能力。招聘要做的就是找到对号入座的人。通常,能＞岗,优质人才流失快,组织与个人两败俱伤;能＜岗,组织业绩下降,会形成恶性循环;能＝岗,组织成熟、稳定,业绩上升,团队战斗力强。

(2) 主动发现人才不放过的原则。顶级管理大师都深知,搜寻天才比训练天才更重要。千军易得,一将难求。发现了特种人才,应真诚追求,绝不错失来之不易的罕见性机会。因为对于后天的特种训练,一个资质稀松平常的人,就算再努力也只可能成为一般高手。例如,微软公司的人才招募政策就是毫无保留地、一门心思地在最聪明者中发现各种人才。或许有的人会说,对求职者或目标候选人才太主动、太执着,会不会显得公司很没地位,好像是公司在求他似的。有这样一个故事:"有一个男子在年轻的时候暗恋一个女孩子,但是因为害羞,怕被拒绝,所以一直没敢向她表达爱意。十年过去了,他到了中年,一直未婚,但那个女孩子却经历了一次不幸的婚姻。直到有一天,一个偶然的机会他们相遇了,这个男人终于鼓起勇气向他暗恋的女子表达了爱意,没想到那女子却怨恨地说,其实当年我也暗恋过你,但一个女孩子家怎么好意思开口,你为什么不能主动一点呢?"招聘其实和谈恋爱一样,一定要有一个人主动一点,否则的话可能会有一方因失去这样宝贵的机会而后悔。

(3) 着眼于战略和未来的原则。要重视应聘者的综合素质和潜在发展能力,应聘者的学习能力比他们已经获得的技能更为重要。同时,选人工作永远不能停止(即做好人力储备)。

(4) 确保质量原则。新人进入公司是为了加强组织的战斗力,除了考查应聘者的知识、技能和能力之外,招聘时还需要对其价值观、态度等进行考核。

(5) 效益最佳原则,即用最少的招聘成本和雇用成本获得适合职位最佳人选。

(6) 守法原则,即遵守国家关于平等就业的相关法律、法规和政策。

(7) 客观原则,即要避免反弹效应。不能要求招聘小组提出的要求只有超人才能达到,例如,要招聘的人既是一个有创造力的领导又是一个有团队精神的人,既是一个精力充沛的实干家又是一个深谋远虑的策略家,如果这样要求,其结果是候选人范围太小,而且可能漏掉最合适的候选人;也要避免"像我"的偏见。

另外,还有信息公开原则、平等竞争原则、双向选择原则等。

3. 什么时候需要招聘

招聘的时间有以下几点。

(1) 新的主题乐园或组织成立时。

(2) 主题乐园或组织规模需要扩大时。

(3) 现有的岗位存在空缺时。

(4) 现有岗位上的人员工作不称职时。

(5) 突发的雇员离职造成的缺员需要补充时。

(6) 岗位原有的人员晋升了,形成空缺时。

(7) 机构调整造成人员流动时。

(8) 为使主题乐园的管理风格、经营理念更具有活力,而必须从外部招聘新的人员时。

(9) 为确保公司发展所需的人才储备时。

4. 招聘的渠道

招聘的渠道即从哪里获得需要的员工呢。内部选拔还是从外部聘用?常用的也是比较科学的方法是首先在主题乐园内部看看有多少候选人可以用来充实这些未来的职位。有调查显示,90%以上的管理职位是靠"内升制"。"内升制"有时也是最佳来源,但通常情况下,把主题乐园已有的员工作为一个非常重要的招聘来源往往是被忽视的。内部招聘的主要方式有内部推荐、提拔、竞聘和轮岗等。当内部无法满足人才需求时,则选择外部招聘,途径主要有网络招聘、人才市场、职业介绍所或就业服务中心、猎头公司、校园招聘和人员推荐等来源方式。

(1) 内部招聘的利弊。内部招聘的好处是准确性高、适应较快、激励性强、成本较低;缺点是来源局限、水平有限,当主题乐园高速发展时,容易以次充优,可能因操作不公或员工心理原因造成内部矛盾,最大的弊端是近亲繁殖,缺少思想碰撞的火花,影响主题乐园的活力和竞争力。

(2) 外部招聘的利弊。外部招聘的好处是来源广、余地大,有利于招到一流人才,带来新思想、新观念,补充新鲜血液,使主题乐园充满活力,可以平息或缓和内部竞争者之间的矛盾,人才现成,节省培训投资,外来人员与组织成员间没有裙带关系,能较客观地评价组织的工作,洞察组织的问题。缺点是决策风险大、招募成本高、进入角色慢及影响内部员工的积极性。

5. 招聘广告的信息发布

(1) 招聘广告的内容包括以下内容。

① 单位情况简介,背景如历史、规模、业务范围、地理位置和发展前景等;文化如主题乐园愿景、使命、价值观和经营理念等。单位情况简介应以简洁的语言介绍,同时介绍的内容应该是单位最具有特色和富有吸引力的特点,不可长篇大论,词不达意。在广告中最好使用单位的标识,并提供单位的网址,以便看到广告的人感兴趣的话可以浏览单位的网页以获取更进一步的信息。

② 岗位工作描述:在招聘广告中,对招聘职位的介绍通常包括岗位名称、所属部门和

主要工作职责等。起草招聘广告时参考职位说明书会比较有帮助。但要注意的是,招聘广告中的岗位情况介绍应该从应聘者的角度出发来考虑,以应聘者能够理解和感兴趣为主,不可照搬职位说明书。

③ 岗位任职资格,如教育背景、工作经验、能力要求、性别和年龄等。

④ 相应的人力资源政策,如薪酬水平、劳动合同和培训机会等。

⑤ 应聘者的准备工作,如中英文简历、学历学位证书复印件和身份证复印件等。

⑥ 应聘的联系方式,如通信地址、传真号码或者电子邮件等,一般情况下不必提供电话号码。

(2) 招聘广告的设计原则如下。

① 引起读者或求职者的注意,如在人才招聘会上的招聘海报。广告设计如果没有特色,就很容易被淹没在其他广告中。使招聘广告引人注目的方法包括使用醒目的字体,使用与众不同的色彩,置于显眼的位置等。同时,招聘广告最醒目的内容应是单位最具吸引力之处,例如,单位的名称、单位的标识、招聘的职位、待遇条件和工作地点等。

② 激发应聘者的兴趣。平铺直叙的、枯燥的广告词可能很难引起应聘者的兴趣,而撰写生动的、具有煽情性的、能引起读者共鸣的广告词再加上巧妙、新颖的呈现方式则很容易令人感兴趣,如"你将投身于一项富有挑战性的工作""你愿意与充满活力的单位共同成长吗"等。

③ 引发求职的愿望。这比激发应聘者兴趣更前进一步了,即不仅要使应聘者有兴趣,还要引发应聘者求职和工作的愿望。通常应聘者的愿望是与他们的需求是紧密联系在一起的。因此,一般情况下,可以通过强调吸引人的一些因素,如成就培训与发展的机会、挑战性的项目优越的薪酬福利等,激发应聘者对工作的愿望。

④ 促使求职的行动。即要向应聘者提供联络方法,包括联系电话、通信地址、邮箱地址等,同时用一些煽动性的话,如"今天就打电话吧""请尽快递交简历"等促使应聘者迅速采取行动。

(3) 招聘广告的发布原则包括,尽可能选择传播面广、传播迅速的渠道(如专业招聘网站);每日刷新网络招聘信息;每天整理、筛选简历等。

6. 招聘工作的分工

人力资源部门的工作侧重于一些原则性和事务性的工作,如招聘过程规划、组织实施过程、资格检验及素质测评、向候选人传达信息及招聘评估等。用人部门在招聘工作中,则侧重于一些专业性和技术性的工作,如出任测试考官、设计各类问卷和试题,工作分析及完善岗位要求,筛选入围人员和最终录用决策等。

(二) 甄选

甄选是指挑选出最符合目标职位任职标准的应聘者的过程。甄选主要包括:初步筛选、初步面试、笔试(知识、技能测试)、心理和能力测试、面试(或称诊断性面试)、背景调查、体检和录用。甄选的过程概述如下:初步筛选——淘汰求职材料不实者和明显不合格者;初步面试、笔试——淘汰知识素质达不到要求和基本素质明显不合格者;心理和能力测试——设定一定的淘汰比例,淘汰低分或择优进入下一阶段的选拔;面试——关键步骤,在前三个步骤的基础上,进行综合素质的考察,选定最优候选人;背景调查——核实候选人的背景资料,淘汰资料不实者;体检——淘汰身体状况不符合要求者;录用——根据招聘岗位的性质在不同的决策层进行录用决策。

1. 简历筛选

1) 拿到一份简历应该看什么?

(1) 总体外观:整洁、规范、认真、无语法和文字错误。

(2) 生涯结构:时间是否连贯一致性,是否出现空当或频繁跳槽。

(3) 工作经验:事业进程逻辑如何,过去做了什么工作等。

(4) 教育培训:教育水平如何?专业证书是什么?知识结构如何?与工作岗位的相关性如何?

(5) 能力结构:专业技能与通用能力情况如何?

(6) 业绩描述:业绩如何?

2) 电话通知面试的技巧

战场上的所谓常胜将军,无非是身经百战且勤于思考,而职场上的招聘官同样也是如此。在面试时,常常存在这样的现象,即精心挑选的候选人没有如约前来。有时,不能总怪求职者不来,这里面也是有技巧存在的。某管理讲师讲到了通知面试的技巧:一是他作为总经理亲自给应聘人员打电话;二是他打电话的时候,不是直接通知对方来公司面试,而是说:"很高兴您应聘我们公司,我们对您简历上×××很感兴趣,请问您什么时候方便来我们公司,我们当面沟通一下,您看可以吗。"另外,还存在求职者拒接电话或总是"开会"的现象,这也不能轻易放弃,如果求职者拒接座机,那么稍等一会再用手机打(反之亦然),如果求职者总说没有时间,不要问对方什么时候有时间,而要采用二选一的方法,如"您看是两点钟有空还是三点钟有空,我再打给您"等。许多看似偶然的事,其实往往有着它的必然性。

2. 笔试

笔试是一种与面试对应的测试,是考核应聘者学识水平的重要工具。这种方法可以有效地考察应聘者的基本知识、专业知识、管理知识、综合分析能力和文字表达能力。笔试一般适用于应聘人数多、需要考核的知识面广或需要重点考核文字能力的情况。一般来讲,大型主题乐园、大型单位大批量用人、国家机关选聘公务员往往采用笔试作为第一轮的考核形式,即作为获取面试资格的途径。

笔试主要包括技术性笔试和非技术性笔试。技术性笔试这类笔试主要针对研发型和技术类职位的应聘。这类职位的特点是,对相关专业知识的掌握要求比较高,题目特点是主要关于涉及工作需要的技术性问题,专业性比较强。非技术性笔试对求职者的专业背景要求相对宽松。非技术性笔试的考查内容相当广泛,除了常见的英文阅读和写作能力、逻辑思维能力、数理分析能力外,有些时候还会涉及时事政治、生活常识、情景演绎,甚至心理测试等。

笔试的优点是取样较多,对知识、技能和能力的考核的信度和效度都较高,可以大规模地进行分析,花费时间少,效率高,且应聘者的心理压力较小,较易发挥出实际水平,成绩评定比较客观。笔试的缺点主要表现在不能全面地考察应聘者的工作态度、品德修养以及组织管理能力、口头表达能力和操作技能等。因此,笔试虽然有效,但还必须采用其他测评方法,如情景模拟等,以补其短。一般来说,在主题乐园组织的招聘中,笔试作为应聘者的初次竞争,成绩合格者才能继续参加面试或下一轮测试。

3. 面试

常言道:"百闻不如一见。"判断一件事物时,亲身体会是非常重要的,同样,一个主题乐园在招聘新职员时,通过面试做出的判断最直观。

1)面试的定义、目的、内容及发展趋势

面试是一种面试者与求职者之间相互交流信息的有目的的会谈,它使招聘方和受聘方都能得到相关的信息,以作出正确的决定,它也是一个双方彼此考量和认知的过程。

面试是一种人才测评工具,面试时向求职者提供有关工作和主题乐园的信息,并从求职者那里获取与个人行为、工作有关的信息,以确定求职者能否成为公司的一员,最后,基于双方的互相适合作出招聘的决定。

面试考察主要内容有仪表风度(如外貌、衣着、举止、姿态和精神面貌等)、专业知识和专业技能、综合能力(如人际交往、分析判断、沟通表达、反应和应变、情绪稳定和自控力等)、求职动机、价值观、态度、兴趣爱好和特长等。

2)面试的原则

(1)要充分尊重求职者。面试是双方的对话,不是一场拷问,公司面试应聘者,应聘者也在面试公司。主试人应给予应聘者良好的印象,才能达到面试的目的。因此,要充分尊重求职者,并给予亲切的关怀和真诚的问候,态度也要谦和有礼。

(2)必须充分准备、准时开始、规范操作。因为在面试应聘者的同时,应聘者也在判断这个部门或这家公司是不是适合。

(3)营造"自然、融洽"的面试氛围,帮助求职者放松,让求职者放下包袱,客观、轻松地展示自己,从而正常发挥自己的水平。

(4)不能脱离面试主题。很多时候,面试的话题很容易脱离主题,尤其是在应聘者经验丰富的时候,面试官要坚定且委婉地将出格的话题拉回来。

(5)面试要专心。应聘者对面试官任何的迹象都特别敏感,应该尽量使应聘者感觉是受到真心的礼遇。

(6)要对应聘者的求职动机、意愿和个性特征做出深入挖掘,尽量少用封闭式问题。一般来说,主题乐园的招聘人员注重应聘者"能做"什么和将要做什么,容易忽视应聘者"愿意做"什么。"能做"是应聘者的知识和技能决定的,而"愿意做"的因素包括动机、兴趣和其他个性特征。这就需要招聘者在面试中通过提问来判断、推断。还有一个需要在决策时引起重视的是应聘者的价值观问题,即他是看重收入待遇、社会地位、职位以及自我价值的实现等问题。如果应聘者的价值观在以后的工作中没有得到充分体现,他的积极性就不能充分发挥。

(7)不要过早谈论薪酬。初试绝不适合谈薪酬问题,必须等到要做决定性选择时,才可以涉及这方面内容。如果应聘者希望较高的待遇,应聘者条件又相当不错,你可以说再作考虑之后再答复。事后,你可以维持原议,而对方也可能改变想法,接受你的条件。

（8）面试结束时，要对求职者做出真诚的感谢和鼓励，且面试后立即作面试评价。

3）面试的误区

面试的误区有疏于准备，不了解工作内容，或不做面谈记录；不能很好地把握面试节奏，"前紧后松"或"前紧后松"；角色转换频繁，说得太多，过度渲染工作以吸引应征者；不能够以平等的态度对待求职者，面谈变质询；面试官主观意识太浓，由"眼缘""心缘"产生可能错误的判断；草草作出决策或轻易给予薪酬及福利承诺。

4）面试官的要求

选拔面试是最常用的甄选工具之一。能否发挥优势，关键在于面试官本身的素质和能力。面试不能仅凭感觉，面试者必须参加面试技巧的培训，在掌握了面试技巧之后（即如何通过特定的问题挖掘想了解的信息，如何观察和判断候选人所反馈信息的真伪）才有资格参与面试工作。对面试官的主要要求包括拥有人力资源管理理论及实践经验；拥有较广的人生阅历；拥有广博的知识修养和文化底蕴；拥有去伪存真、去虚存实的洞察力；拥有爱才惜才之心；拥有宏观驾驭的能力；公正正直、品德高尚等。

5）面试的类别

按面试的标准化程度，面试可分为结构化面试、非结构化面试和半结构化面试。结构化面试就是指在面试题目、面试实施程序、面试评价、考官构成等方面根据统一明确的规范进行的面试；半结构化面试是指对面试的部分因素有统一要求的面试，如规定有统一的程序和评价标准，但面试题目可以根据面试对象变化；非结构化面试则是对与面试有关的因素不作任何限定的面试。

按面试实施的方式，可分为单独面试和小组面试。单独面试是指面试考官与每一位应聘者单独交谈的面试方式。单独面试的优点是能够给应聘者提供更多的时间和机会，使面试能进行得比较深入。小组面试则是面试考官同时对若干个应聘者进行面试的形式，考官要同时对多名应聘者进行评价。小组面试的优点是效率比较高，而且便于对不同的应考者进行比较，不足之处是应聘者的表现会受到其他应聘者的影响。

按面试的进程来分，可以将面试分为一次性面试和分阶段面试（初试看素质，复试看能力）。

根据面试题目的内容，面试可分为情景性面试和经验性面试。在情景性面试中，面试题目主要是一些情景性的问题，即给定一个情景，看应聘者在特定的情景中是如何反应的。在经验性面试中，则主要提问一些应聘者过去的工作经验的相关问题。

6）面试的问题

通常面试的问题来自以下几个方面。

（1）职业发展情况：在各阶段工作时间，太长或太短。

（2）行业及专业工作的连贯性、职务及承担职责的变化情况。

（3）业绩点：即表明应聘者具备相应能力的信息点，是提供一般性的描述还是量化具体的信息。

（4）疑惑点：即不清楚或有意回避的信息。

面试提问时应关注的几个问题。有意提问一些相互矛盾的问题；最大限度地了解求职者的求职动机；提出的问题要直截了当，语言简练，遇到疑问及时处理，做好记录；面试时,注意应聘者的非语言行为。

结构化面试问题的类型包括:背景性问题、知识性问题、思维性问题、经验性问题、情景性问题、压力性问题、行为性问题等。

7) 面试的实施过程

招聘面试的基本目的在于给面试官和应聘者双方进一步了解的机会,从而使双方作出最佳决策。由于面试时间有限,一个充分准备的面试可以达到事半功倍的效果。一个成功的面试要经过三个阶段:准备阶段(包括制定面试指南、准备面试问题、确定评估方式、培训面试考官);实施阶段;决策阶段(包括评价面试结果、决定是否录用、面试材料存档);总结阶段(包括面试结束后,回顾整个面试过程,总结经验,为下一次的面试设计做准备)。

4. 心理测试

心理测试是一种比较先进的测试方法,它是指通过一系列手段,将人的某些心理特征数量化,以衡量个体心理因素水平和个体心理差异的一种科学测量方法。心理测试通常主要有智力测验、个性测验、心理健康测验、职业能力测验、职业兴趣测验、创造力测验等。

(三) 人才的标准

1. 选人的重要性

斯蒂芬·P.罗宾斯说:"一个组织素质的高低,在很大程度上是其所聘用和保有的人员素质的一种总括反映。"在各种商业失误中,决策失误是最大的,在决策失误中最大的失误是用人的失误,其代价是最大的。

2. 主题乐园经营中选人的误区

(1) 刻意夸大主题乐园。

(2) 对一些人/事存在偏见。

(3) 在面试中试图寻找"超人"。

(4) 忽略应届生的情商和逆商。

(5) 存在"俄罗斯套娃"现象。

(6) 只注重技能而忽略品质,以及只注重眼前的需求而忽视未来的潜力。

3. 人才的定义

人才是指那些具有良好的内在素质,并具有一定专业知识或专门技能,能够进行创造性劳动并对社会作出贡献的人,是人力资源中能力和素质较高的劳动者。

4. 人才的标准

(1) 最高标准:胸怀宽广、德才兼备、义利兼顾、荣辱与共。

(2) 基本标准:能干、积极、忠诚。

(3) 最低标准:至少有一个用得上的专长、至少有一个令人欣赏的美德、没有不能接受的缺点。

【做中学、学中做】 请收集资料,列举主题乐园人力资源招聘与甄选的内容与要求,填写表5-3。

表 5-3 主题乐园人力资源招聘与甄选的内容与要求

主题乐园人力资源招聘与甄选	内容与要求

四、培训与职业生涯规划

（一）培训的定义、目的、特点、类别

1. 培训的定义与目的

培训是一种有组织的知识传递、技能传递、标准传递、信息传递、信念传递、管理训诫行为。培训的主要目的是知识积累、技能提升、观念更新、思维变革、态度转变、潜能开发。

2. 成人学习的特点

成人学员要的是实用知识，而非理论；成人学员有不同的背景，他们会从自身的经验出发，独立思考，有独立的见解；并在气氛、环境适宜的场合才愿意学；成人喜欢通过实践来学习，他们希望参与其中；成人总是喜欢把正在学的知识与他们已经知道的联系起来。

3. 培训的类别

按员工类型来分，培训可以分为岗前培训、岗中/在职培训。按培训内容来分，培训可以分为知识培训、技能培训、态度培训。按员工在岗状态来分，培训可以分为脱产培训、半脱产培训、不脱产培训。迪士尼公司中没有人事部门，招聘工作由演员中心负责，每位新员工都必须先在瓦尔特迪士尼大学中接受传统方式的培训。开设迪士尼大学是迪士尼本人在 20 世纪 50 年代开设迪士尼乐园之前就开始酝酿的事情。迪士尼的每一位员工，从高级经理到临时演员，都必须在上岗之前进行培训。新员工的第一步是上迪士尼大学，在那里接受传统方式的培训；迪士尼公司精心安排训练的每一个细节，目的是要使其工作人员明确迪士尼首先是一个表演主题乐园，员工们首先需要学习的是要对游客友好、客气、彬彬有礼、有求必应。新员工只有从迪士尼大学毕业以后，才能独立接待游客。迪士尼本身就是一所大学，也是一个大舞台，在里面每一个员工都是"演员"。所有迪士尼新聘员工在几天的培训中,需要学会新的迪士尼语言:员工是"演员";顾客是"客人";一群人是"观众";一班工作是一场"表演";一个职位是一个"角色";一个工作说明是一个"脚本";一套制服是一套"表演服装";人事部是"制作部";上班是"上台表演";下班是"下台休息"。

(二)培训的必要性、作用和收益

1. 培训的必要性

在我国,目前人才的职业化程度远远不够,很难直接寻找到最适合主题乐园的员工,所以替代方案就是接受有潜力的人进入主题乐园,提供必要的培训,使他们能够更好地胜任工作。

主题乐园最大的错误就是让没有经过培训的员工去服务顾客!没经过培训的员工可能会因服务及技术作业不熟练而让顾客对本公司失去信心,可能会因态度不对而跟顾客发生争执,使顾客不愿意与我们继续交往;还会因为对应技巧不恰当造成对顾客讲错话,使本来不是问题的疑问更有疑问,导致除了金钱上的损失外,安抚的过程造成人员的处理成本更高;在遇到紧急状况时,因不会处理或处理的速度不够快,而错失处理的最佳时机,从而导致因处理成本的提升心造成公司的利润降低,员工也会处理不好心会丧失自信,容易引起离职的问题;老顾客的不满意容易造成顾客的忠诚度降低;员工没有学习方向,容易使人才流失等。

2. 培训的作用

对公司来讲,通过培训提升员工技能和改变员工态度,从而提高工作业绩;通过对员工的培训,为主题乐园后续发展提供人才储备,这也是吸引和留住人才的重要手段;通过培训传递战略愿景、主题乐园文化和价值观,增强员工对主题乐园的归属感和荣誉感;通过培训提升团队整体素质水平,促进主题乐园整体竞争力的提升,从而加强主题乐园自身对外部环境的适应性,提高改革和创新的能力。

对员工来讲,培训能提升员工自身的知识和技能,防止知识老化和技能过时,增强个人竞争力;挖掘了自我潜力,增加升职加薪的机会;拓宽员工的视野,激发其追求进步的意愿,有利于员工职业生涯的发展。

3. 培训的收益

在外企中,培训费用不被视为费用的支出,而是被视为一种投资。摩托罗拉公司培训部主任比尔·维根豪恩说:"我们有可靠的数据说明,培训的投入与产出的比值为1∶30,这就是我们为什么注重人员培训的原因。因为,凡是在工作中出现的问题,最终肯定能从培训中找到原因;从培训中省下来的钱,最终会从废品中流出去。培训很贵,但是不培训会更贵。"

(三)培训的四大要素分析

1. 培训的内容

(1)培训需求分析从三个方面着手。

① 层次分析,即组织需求分析,如组织战略、主题乐园文化、制度规范等;工作岗位需求分析,即知识、技能、态度等;员工个人需求分析,如员工素质与岗位要求差异分析、晋升

培训——员工晋升的过程意味着更高的素质要求,更大的责任,同时需要更多的培训、职业生涯规划等。

② 对象分析,即新员工培训需求分析(任务分析法)和在职员工培训需求分析(绩效分析法)。

③ 阶段分析,即目前培训需求分析和未来培训需求分析。

(2) 培训需求的分析方法有问卷法、座谈法、观察法、职位分解法、任务分析法、绩效分析法、错误分析法、前瞻性培训需求分析法等。

(3) 培训教材的制定。培训教材应紧紧围绕需求,让学员成为培训师备课的中心;培训师有多么博学并不重要,重要的是学员能学多少;培训师教多少并不重要,重要的是学员能对教的东西运用多少。要关注重点:讲给谁,需求是什么,学员应该学些什么?能给学员带来的好处是什么,教的东西学员能应用多少,教材是否对学员有足够的冲击和激励。素材收集:"这世界本不缺少美,只是缺少发现美的眼睛!""这世界不是有钱人的世界,不是有权人的世界,而是有心人的世界!"故事、案例、互动游戏、名言警句、权威的观点、结论、数据;音乐、图片、视频等。课程设计:注重内容的逻辑安排,思路清晰、观点突出;注重课程的互动设计;注重内容的感性认知(如图表、故事、举例/案例、比喻、互动游戏、模拟情境、图片、视频等)。

2. 谁来培训

要选择最好的讲师!师资来源可以是专职培训人员、主题乐园中高层、职能层领导;培训讲师要求应专业、喜欢与人分享知识、为人师表、有亲和力、认真、坦诚、尊重学员、理解学员、有耐心、有包容心、有热忱、有影响力、有幽默感等。

3. 培训方法

培训方法有讲授法、演示法、研讨法、视听法、案例讨论法、角色扮演法、操作示范法、情景模拟法、管理游戏法、远程培训、拓展训练等。培训时应制定时间表,勿超时;真诚热忱、拿出自己的最佳状态;尊重学员、创造良好的课堂氛围;语言幽默,让学习更有趣;善于互动、让学员不知不觉参与;恰当使用举例、故事、图表、名言警句;语言精练、逻辑清晰、通俗易懂、贴切生动。

4. 培训效果的评价

1) 评估

培训评估的目的是测试培训是否起到作用了。无论对培训的组织部门还是业务部门,投资培训的决策层都应该明确回答这个问题。否则,就会产生盲目投资的行为,不利于主题乐园的发展,也不利于培训负责人组织下一次培训。培训负责部门应全面掌握并控制培训的质量,对于不合格的培训应该及时找到失误的地方进行纠正。同时总结培训中的亮点,本着不断提升培训质量的原则,把培训工作办好。参与评估的学员和部门负责人等应以对自己、对同事、对教员、对主题乐园负责任的态度,正确认识评估的重要性,客观地、实事求是地进行评估。

2) 何时需要评估

评估并不一定都放在所有的培训结束后,而是培训的过程都要进行评估。我们认为应该主要应针对下列情况进行评估,例如,新开发的课程应着重于培训需求、课程设计、应用效果等方面；新教员的课程应着重于教学方法、质量等综合能力方面；新的培训方式，应着重于课程组织、教材、课程设计、应用效果等方面；外请培训公司进行的培训，应着重于课程设计、成本核算、应用效果等方面；出现问题和投诉的培训，应着重针对投诉的问题。

3）对培训进行评估的角度

(1) 反应：学员对课程是否喜欢和满意。

(2) 学习：学员学到的知识、技能，受到的观念、思想冲击、事实和技能技巧。

(3) 行为：通过培训，学员态度和行为的变化。

(4) 结果：通过培训，学员工作成绩的提升。

(四) 职业生涯规划、设计、管理

1. 职业生涯管理的定义、目的和类别

职业生涯（career）是指一个人从首次参加工作开始的一生中所有的工作活动与工作经历。职业生涯规划是一个人对其所承担职务的预期和规划，这个规划包括一个人的学习与成长目标及对职业和组织的生产性贡献和成就期望。职业生涯管理是指主题乐园帮助其员工制定其职业生涯计划和帮助其职业生涯发展的一系列活动。

员工职业发展管理的目的在于把员工的个人需要与组织的需要统一起来，最大限度地调动员工的积极性，同时使他们觉得在此组织中个人有发展、有前途，从而极大提高其组织归属感。

职业生涯规划按照时间的长短来可分为长期规划、中期规划与短期规划三种类型。

2. 职业生涯规划的作用

(1) 对员工个人而言，做好职业生涯规划可以准确评价个人特点和强项，以既有的成就为基础，确立人生的方向；评估个人目标和现状的差距，激发员工前进的动力；重新认识自身的价值，实现自我价值的不断提升和超越；将个人、事业与家庭联系起来。

(2) 对组织而言，做好职业生涯规划可以更深入地了解员工的兴趣、愿望、理想，以使他能够感觉到自己是受到重视的人，从而发挥更大的作用；使得员工产生上进心，从而为单位的工作做出更大的贡献；由于了解了员工希望达到的目标，管理者可以根据具体情况来安排相关培训，同时可以适时地引导员工进入相关工作领域，从而使个人目标和组织的目标更好地统一起来；能够使员工看到希望和目标，从而达到稳定员工队伍的目的。

3. 主题乐园职业生涯规划的原则

主题乐园职业生涯规划的原则有双赢原则、与员工充分沟通的原则、对症下药原则、动态目标原则、时间梯度原则、全程推动原则。

4. 员工职业生涯设计的取向

(1) 目标取向（人生目标分析）：即想往哪走的问题，这就受个人的价值、理想、成就动机、兴趣等因素影响。

(2) 能力取向（与他人的优势比较）：即能往哪走的问题，这就受个人的学历、技能、情商、性格、智慧等因素影响。

(3) 机会取向（机会与挑战分析）：即可以往哪走的问题，这就受个人的组织环境、社会环境、经济环境、政治环境等因素影响。

5. 职业生涯规划中组织与员工的分工职责

(1) 组织的职责包括：制定原则和方向（个人随公司的发展而发展是基本原则）；提供职业咨询并协助设计职业发展路径；提供职位空缺信息、岗位轮调机会和培训课程；注重效果和提高，对生涯发展状况持续讨论、追踪效果。

(2) 员工个人的职责包括：个人对自己的职业生涯负责；评估自己的兴趣、技能和价值；建立个人目标或个人发展计划；查找培训课程信息和岗位论调、职位空缺信息，主动参与培训与轮岗等；跟踪自我的职业生涯发展状况，不断提升自己，完善自己。

6. 职业生涯规划的步骤

(1) 职业生涯诊断，包括自我分析与环境分析。自我分析如兴趣、特长、性格、学识、技能、智商、情商、体质等；环境分析如社会的职业需求、职业声望、社会人际环境、社会制度和社会经济发展状况等。

(2) 确定职业定位（即进入哪一职位序列），主要的职位序列有：管理序列、专业职能序列（如人力资源、财务、销售等）、技术序列等。

(3) 选择职业发展道路，包括纵向发展道路和横向发展道路。纵向发展通路，即在同一职位序列中，向更高职位级别上的发展，如业务代表沿着市场职位序列一直发展为销售副总经理。横向发展通路，即在同一职位级别，向不同职位序列的发展，如研发工程师发展为销售工程师。

(4) 确定发展目标（远、中、近期目标）。

(5) 制订实施计划与措施，包括岗位交换和多工种训练、兼职培训、在职辅导、脱产学习等。

【做中学、学中做】 请收集资料，列举主题乐园人力资源培训与职业生涯规划的内容与要求，填写表5-4。

表5-4 主题乐园人力资源培训与职业生涯规划的内容与要求

主题乐园人力资源培训与职业生涯规划	内容与要求

五、绩效考核与绩效管理

(一) 绩效考核与绩效管理的概述

1. 绩效

(1) "绩"是指业绩,即工作结果;"效"是指效率,即工作过程。绩效是指员工在一定环境与条件下完成某一任务所表现出的工作行为和所取得的工作结果,体现了员工履行工作职责的程度,也反映了员工能力与其职位要求的匹配程度,即绩效=结果+过程(即行为和素质)。

(2) 绩效的两个层面。组织层面,绩效是任务在数量、质量及效率、效益等方面完成的情况。个人层面,绩效是对工作状况的评价,包括工作业绩、工作能力和工作态度等。

(3) 绩效的特点有以下几个。

① 多因素性,是指绩效受多种因素的共同影响,而不是由某一个单一的因素就可以决定。主要的因素分为内因和外因。其中,内因即主观性因素,即技能(S)+激励(M);外因即客观性因素,即环境(E)+机会(O)。因此 $P=f(S.O.M.E)$,此公式也说明,绩效是技能、激励、机会与环境四变量的函数。

② 多维性,是指绩效体现在多个方面,结果和行为都是考核范畴。例如,某组织绩效除了产量指标完成情况外,质量、原材料消耗率、能耗、出勤甚至团结、服从、纪律等硬、软方面都需要综合考虑,逐一评估。员工个人也要从工作业绩、工作能力、工作态度等方面进行评估。

③ 动态性,是指绩效是会随着时间的推移而变化的,绩效差的可能会改进绩效,绩效好的也可能逐步变差,因此管理者不能凭一时印象,以僵化的观点看待下级的绩效。

2. 绩效评估/考评/考核

绩效评估又称绩效考评、绩效评价、绩效考核等,是指将战略转化成一整套可执行的绩效衡量标准与体系,并对照绩效标准,采用科学的考核方法,评定员工的工作目标完成情况、员工的工作职责履行程度、员工的发展情况等。绩效评估无疑是以绩效为导向,但是绩效导向并不意味着只关注结果(因为绩效本身包含"绩"和"效"),它也关注取得这些结果的过程,即员工在取得未来优异绩效进程中行为和素质。

随着组织规模的扩大,个体在完成组织任务时的努力将减小,这就是社会懒惰现象。社会懒惰现象也可以用贡献模糊理论来解释:随着组织规模的扩大,个体对组织的贡献越难分清,个体对努力完成组织任务的责任感就越小;由于组织中其他成员的存在,个体会感到自己的贡献可有可无或大小无关紧要,因此付出的努力就小了。

人人都有依赖心理,但人人都有不可限量的潜力,谁能够把身边人员的潜力充分挖掘出来,谁就会收获一笔意想不到的"财富"。人的潜力极限需要情况刺激,而最长效、管用的刺激手段,莫过于建立起健全人尽其才的激励机制。责任与权利越具体,人的潜力发挥越充分。

因此,为了让社会上的"南郭先生"无法滥竽充数地混日子,最大限度地减少"社会浪费",所以要最大限度地消除"社会懒惰"。个体对组织的绩效的贡献都要能清楚地识别;

将个体对组织的贡献与薪酬或奖惩挂钩,使用激励手段,正负强化,而综合这两点,就是实施绩效考核。

绩效考核的内容为德(品德)、能(技能)、勤(态度)、绩(业绩)四方面。

绩效评估的一些技术考虑包括信度(可信性)、效度(有效性)、时间和经费(成本考量)等。

绩效考核的周期要根据具体情况决定。对于有硬目标的部门,如生产部、销售部等,可以实行按月考核的方法,但是考核方式要操作简单,如填表式考核等;其他支持部门可以是按季度考核或半年考核一次,考核频率不宜太密,过程不宜太过烦琐。

绩效考核的原则包括:统一认识全员参与、公平公正公开、依法实施规范操作、针对重点多角考核、适度调整循序渐进、导向不同权重不同等。

绩效考核的权重。权重是指在考核过程中对被考核对象不同侧面的重要程度的定量分配,对各考核要素在总体考核中的作用区别对待。合理确定权重体现着引导意图和价值观念。

绩效考核结果主要应用于薪酬调整、绩效工资或奖金、奖惩或评优、晋升、培训提升、岗位任职资格调整等方面。

3. 绩效管理

所谓绩效管理,是指各级管理者和员工为了达到组织目标共同参与的绩效计划制订、绩效辅导沟通、绩效考核评价、绩效结果应用、绩效目标提升的持续循环过程,绩效管理的目的是持续提升个人、部门和组织的绩效。

"组织运行与发展＝战略规划＋目标设定＋绩效管理",绩效管理体系是组织管理中的中心环节,是推动组织成长的"引擎",没有建立绩效管理体系或没有完善的绩效管理体系,就无法激发起组织员工的工作热情与创造性,最终将使组织走向衰落,或失去成长机会。

对于主题乐园企业而言,绩效管理的出发点是主题乐园的战略。但绩效管理的两大难点在于选择适当的指标进行衡量(measure the right things);以合适的方式对选定的指标进行衡量(measure things right)。

在绩效管理中人力资源部与各直线管理层的角色分工如下。

(1) 人力资源部职责:设计、测试、改进和完善绩效管理系统及评估系统;组织宣传绩效管理系统的内容、目的和要求,并为各级评估者提供绩效管理培训;组织、督促、检查和协助各部门按计划实施绩效评估;及时收集各种考评信息,并进行整理和分析;根据评估结果和公司的人事政策,向决策者提供人事决策的依据和建议;负责所有绩效档案的管理。

(2) 各直线管理层的职责:设定下属绩效目标,并使各级绩效目标同公司的发展战略、主题乐园文化所倡导的目标一致;协调和解决所属员工在评估中出现的各类问题,并负责解释评估方案;对员工的绩效改进进行持续的沟通、指导和监督(绩效诊断与辅导);审核所属员工的评估结果,并对评估的最终结果负责;向人力资源部反馈所属员工对公司绩效评估的看法和意见;为所属员工提供绩效反馈,指导员工进行绩效改进(绩效面谈);根据评估结果和公司的人事政策作出职权范围内的人事决策。

（二）绩效管理的误区或存在的问题

（1）绩效管理的过程烦琐，效率不高，考核成本巨大，无法将绩效考评中的很多工作进行细化或量化，难以保障绩效结果的公平、公正。

（2）绩效考核仅被视为一项独立的管理行为，并未与主题乐园整体的人力资源管理及开发工作相联系。或认为绩效管理是人力资源部门的事情，与业务部门无关。

（3）考核过程中的非理性因素难以控制，如在定性考核中的打分环节，"老好人""泄私愤"等现象难以避免，因而不能保证绩效考核结果的信度和效度。

（4）绩效实现的过程缺乏沟通和监控；绩效反馈不及时，信息不通畅；绩效管理的作用没有充分发挥，不能有效促进个人成长和组织发展。

（三）绩效管理的步骤

1. 确定考核指标与目标

明确在一定时间内应该实现的具体目标，相当于在上级与下属之间建立了一个绩效合约。在这里，关键是对考核指标的选择，考核指标的选择主要取决于要考核的内容（如德、能、勤、绩等），并根据考核内容的重要性确定考核权重。考核指标分为定性指标与定量指标。定性指标是指无法具体量化的指标，可以用文字语言进行相关描述；定量指标是指可以量化的指标，即可以用数学语言进行描述。

考核指标的构建应本着以下原则进行：系统优化原则，由总指标分解成次级指标，次级指标再分解成第三级指标……组成树状结构的指标体系；标导向原则，不是单纯为了评出名次和优劣，重要的是引导和鼓励员工朝着正确的方向和目标发展；考核指标贵精不贵多，关键而不宽泛；考核指标根据岗位的具体情况具体分析。比如，是坚持结果导向还是技能导向？结果导向适用于对结果很容易测量的人员，如销售人员；而技能导向适应于业绩不容易衡量或岗位的任职资格对专业技能有相当的要求，如研发人员。

2. 绩效诊断与辅导及绩效沟通

绩效诊断是指可能妨碍员工实现各方面绩效目标的问题，也就是发现绩效差的征兆和原因。绩效诊断可运用于绩效管理的各阶段。绩效诊断的主要要素就是参考公式 $P = f(S.O.M.E)$。

绩效辅导是指管理者与员工共同跟踪绩效结果，通过持续不断的沟通，努力发现问题、解决问题，达到或超越已制定的绩效目标。

绩效辅导对管理人员和员工的作用是不一样的。对于管理人员，能够了解下属的工作情况和进展；帮助下属提升能力；客观公正评价下属的绩效，提高考核工作的有效性和下属的认可度；建立信任，提高员工满意程度。对于员工，能够及时得到自己绩效的反馈信息；及时了解组织的重要信息；及时得到相应的资源和帮助；发现不足，明确改进点。

绩效辅导的技巧有，真诚第一、技巧第二；充分的准备，开放的心态；正式与非正式相结合；明确对下属的工作期望与绩效目标；倾听、鼓励与建设性批评；给予积极的反馈等。

有效的辅导包括：对于后续工作进展和结果适时跟踪和检查；给员工提供所需要的培训；对员工的出色表现进行认可或奖励，对不足之处及时给出改进意见；适当调整行动计划以满足绩效目标的要求;提供你的观察并积极地肯定工作进展;持续寻找是否需要进一步的反馈和辅导工作。

3. 绩效考核

根据设定的指标和目标,采用合理的评价方法,衡量员工的各方面绩效。

4. 绩效面谈

绩效面谈即反馈环节,是指管理者与员工进行绩效评价面谈,使员工充分了解和接受绩效评价结果,并共同探讨绩效改进计划。

(四)常用的绩效考核方法

1. 目标管理法

1)目标概述

目标是个人或组织在未来一段时间内所期望实现或达成的成果。目标是欲望的具体表现形式,是行动的动力。主题乐园目标(或主题乐园类同战略目标)是指主题乐园为完成使命,在一定时期内需要达到的特定业绩目标。

2)目标管理——主题乐园的导航系统

通常,不是先有了工作才有目标,恰恰相反,是先有了目标才能确定工作。所以,管理者应该通过目标进行管理。

目标管理法(management by object,MBO)是彼得·德鲁克提出并倡导的一种科学的管理模式,它是一种更注重过程的管理思想。目标管理模式的实施可分为四个阶段:首先是确定总体目标,其次是目标分解(即总目标→阶段性目标→部门目标→个人目标),再次是资源配置,最后是检查和反馈。

对主题乐园来说,目标管理法的基本思想是,主题乐园任务必须转化为目标,管理人员必须通过这些目标对下级进行管理,从而保证主题乐园总目标的实现;目标管理是一种程序,即上下各级管理人员会同起来制定共同的目标,并进行目标分解;每个人的分目标都完成了,主题乐园总目标才能完成;主题乐园管理人员依据分目标对下级进行考核和奖惩。

2. 关键绩效指标法

关键绩效指标法(key performance indicator 或者 key performance index,KPI)是指把绩效的评估简化为对几个关键指标的考核,将关键指标当作评估标准,把员工的绩效与关键指标进行比较的评估方法,在一定程度上可以说 KIP 是目标管理法与帕累托定律(或称二八定律)的有效结合。

3. 平衡计分卡法

平衡计分卡法(BSC)是由哈佛大学商学院罗伯特·卡普兰和大卫·诺顿两位教授提出的,最初是针对传统业绩评价方法(主要是财务评价方法)的弊端而设计的。平衡计分卡强调,传统的财务会计模式只能衡量过去发生的事项(即落后的结果因素),但无法评估主题乐园前瞻性的投资(领先的驱动因素),因此,必须改用一个将组织的远景转变为一组由四项观点组成的绩效指标架构来评价组织的绩效。此四项指标分别是:财务(financial)、顾客(customer)、内部流程(internal business processes)、学习与成长(learning and growth)。

【做中学、学中做】 请收集资料,列举主题乐园绩效考核与绩效管理的内容与要求,填写表5-5。

表5-5 主题乐园绩效考核与绩效管理的内容与要求

主题乐园绩效考核与绩效管理	内容与要求

六、薪酬与福利

(一) 薪酬

1. 相关定义

(1) 薪酬(compensation)是指员工因雇佣关系的存在而从企业那里获得的所有各种形式的货币收入,其中包括固定薪酬和浮动薪酬两大部分。全面薪酬＝固定薪酬(或称基本工资)＋浮动薪酬(或称激励工资,含奖金、股权分红)＋津贴或补贴等。

(2) 报酬(reward):通常情况下,我们将一位员工为组织工作而获得的所有各种他认为有价值的东西统称为报酬。全面报酬＝全面薪酬＋福利＋工作体验。

(3) 工资(wages)是指工人按件、小时、日、周或月领取的货币。

(4) 薪水/薪资(salary):从事管理工作和负责经营等的人员按年或月领取的固定薪金,通常主要指白领员工和国家公务员的工资收入。

(5) 奖金(bonus)是指对职工超额劳动的报酬(作奖励用的钱)。

(6) 津贴/补贴(allowance)是指对职工在特殊劳动条件、工作环境中的额外劳动消耗和生活费用的额外支出的补偿。通常把与生产(工作)相联系的补偿称为津贴,把与生活相联系的补偿称为补贴。

2. 薪酬的四大功能

薪酬的四大功能分别为回报(即满足需求)、激励(即价值体现)、调节(即行为导向)、效益。

3. 薪酬原则

薪酬标准制定的四项基本原则：以岗位为核心、以资质为基础、以市场为导向、以绩效为依据。

4. 薪酬结构设计

通常，薪酬可由三部分组成：固定薪酬、浮动薪酬、津贴/补贴。其中，固定薪酬可以设计为宽带薪酬模式，即横坐标按能力（技能）级别或往期业绩评定级别分等级（一般分3~5等级）、纵坐标按照岗位/职位、职位等分层级（一般不超过9层），然后设计成宽带薪酬表。浮动薪酬及津贴/补贴则按照主题乐园实际情况进行设计。

（二）员工福利

员工福利（welfare/benefit）是报酬的间接组成部分，它是组织为满足劳动者的生活需要，在工资和奖金收入之外，向员工本人及其家属提供的货币、实物及其形式的服务形式。也就是说，福利的形式可以是金钱或实物，也可以是服务机会与特殊权利。福利的主要目的是招募和吸引优秀的人才，为员工提供安全保障，增强团队凝聚力，降低员工流动率等。在现代主题乐园中，福利在整个薪酬包中的比重已经越来越大，对主题乐园的人工成本产生了十分重要的影响。

福利可以分为两大类，一类为法律政策明文规定的福利，因而是受到法律保护的，称为法定福利或基本福利，主要包括：社会保险、法定节假日及带薪休假、特殊情况下的工资支付（如产假、婚假等的工资支付）、特殊津贴等；另一类为组织根据组织实际情况和增强员工激励力而提供的福利项目，如商业保险、交通补贴、住房或租房补贴、餐补、差旅补贴、脱产培训、生活福利设施、节假日物资发放等；其中，前者在不同组织间具有强相似性，后者则在不同组织间有差异，一定程度上反映了组织在福利管理上的创造性。

【做中学、学中做】 请收集资料，列举主题乐园薪酬与福利的内容与要求，填写表5-6。

表5-6 主题乐园薪酬与福利的内容与要求

主题乐园薪酬与福利	内容与要求

七、主题乐园员工关系管理

（一）主题乐园员工关系管理的内涵和职能

广义上讲，员工关系管理的内容涉及了主题乐园文化和整个人力资源管理体系的构建。从主题乐园愿景和价值观体系确立，到内部沟通渠道的建设和应用，组织的设计和调整，人力资源政策的制定和实施等，所有涉及主题乐园与员工、员工与员工之间的联系和影响的方面,都是员工关系管理的内容。

从狭义的概念上看,员工关系管理主要有劳动关系管理(如入职、在职、离职管理、主题乐园变革、劳动争议、员工手册、人事外包等)、员工人际关系管理、沟通管理、人事信息管理、主题乐园文化建设、服务与支持、员工关系管理培训等内容。

(二)主题乐园员工关系管理目的

现代员工关系管理的主要目的是通过上述管理职能,提高员工满意度,进而提高主题乐园生产率,维持主题乐园竞争优势,使主题乐园在竞争中获胜。

主题乐园员工关系管理的起点是让员工认同主题乐园的远景;完善激励约束机制是主题乐园员工关系管理的根本;心理契约是主题乐园员工关系管理的核心部分(心理契约是组织同其个体之间相互期望与责任的总和,是一份内隐的协议,对组织中个体行为有重要影响);职能部门负责人和人力资源部门是员工关系管理的首要责任人。

【做中学、学中做】 请收集资料,列举主题乐园员工关系管理的内容与要求,填写表5-7。

表 5-7 主题乐园员工关系管理的内容与要求

主题乐园员工关系管理	内容与要求

八、迪士尼世界员工管理模式对我国主题乐园的启示

迪士尼世界有员工5万人,人力资源管理职务500多个,工作说明书1500多份,需要与32家工会达成约10份劳工协议。此外,度假地每天大约要雇用员工100名,同时要处理现有员工岗位轮换及升调等工作。从工作任务看,迪士尼世界人力资源部所承担的工作量是巨大的,而从工作效果看,他们的工作是出色的。

迪士尼8堂课

(一)迪士尼世界员工管理模式

1. 员工招聘

迪士尼的员工招聘是看重主题乐园文化传达的,从招聘开始就对应聘者进行主题乐园文化熏陶。它使员工在应聘时就清楚地认识到自己是给游客带来快乐的人;游客为什么会走进迪士尼世界;自己在迪士尼世界并不仅仅是"员工",而且是"演员",要时刻扮演好自己在岗位上的角色。在应聘者前来应聘之际,公司会主动向他们发放详细列有公司员工工作条件、所应遵守的有关规章制度的文件以及各个岗位具体工作内容的资料,以便应聘者决定是否愿意在这里工作。在整个应聘过程中,公司还会通过幻灯片、视频电话以及面试等多次沟通相关内容。

2. 员工培训

迪士尼世界在其公司内部,设置有迪士尼大学,拥有各种多媒体教室,并配有图书馆、计算机室等。每一个新入聘的员工都要学习一堂名为"Tradition"的课,以了解迪士尼的历史传统、管理风格和经营理念。培训中,迪士尼的老员工会担任讲师,他们首先会结合纪录片展示迪士尼的辉煌历史,然后以亲身经历来解释迪士尼的传统文化,并让新员工深入了解,作为迪士尼的员工,要时刻保持积极的形象并充满活力,谦虚礼貌地对待所有的顾客,包括孩子、残疾人,保持在自己的角色中,并时刻扮演好自己的角色,同时还需要跨越自己的角色去帮助其他员工。此外,迪士尼还安排员工在迪士尼大学学习与自己岗位相关的技能培训课,并且采用一对一导师制帮助员工更好地了解"迪士尼给人们带来欢乐"这一主题乐园文化精髓及"向世界各地所有年龄段的客人提供最出色的服务"这一主题乐园目标,从而更好地理解自身在工作中的角色。

3. 迪士尼员工考核与激励机制

迪士尼公司认为考核不应该仅仅是一个部门的工作,更应该是各部门领导的共同责任,所以在迪士尼没有考核部门。部门经理可以根据本部门的实际情况制定考核标准。在考核阶段,迪士尼世界每一个部门的管理者都会收集员工的反馈信息,与员工开诚布公地沟通、交流,根据员工的优缺点及时交换意见,并且会记录在案,为将来的绩效反馈、对员工进行奖惩甚至解雇提供重要的事实依据。迪士尼世界十分重视内在报酬,即增强员工对工作的胜任感、成就感、责任感。管理人员会主动发现员工的先进事迹并及时地给予奖励,如给为游客提供优质服务的员工一张"为你喝彩"卡;给积极努力工作的员工一张"感谢卡";给杰出的实习生一份"优秀实习生"证书;在公司宣传海报、内部网站上表扬每周能完美诠释迪士尼文化的员工。

4. 迪士尼世界对外籍员工的管理

迪士尼世界的员工是存在着文化差异的,因为迪士尼世界会在全球范围内招募国际大学生作为实习生,在其4个主题乐园、2个水上乐园、20多个度假酒店中参与到餐饮、销售、前台等岗位当中。迪士尼的后勤部门会根据国际上有影响力的传统节日的时间举办各式各样的主题聚会派对,其中还会有冷餐酒会、具有节日特色的节目以及每一次派对的保留节目(舞池和与迪士尼卡通角色合影)。这样既顾及文化差异又考虑到了不同文化的融合。员工在工作时都会佩戴标注着其母语的胸牌,这样,每一个员工、每一位顾客就会意识到面前这个员工的文化背景。这样不仅可以促进文化间的交流学习,而且当涉及一些文化上的禁忌时心不会产生尴尬、矛盾。

(二)迪士尼世界员工管理的借鉴

如果说迪士尼世界的客户服务质量是其成功的重要因素,那么员工管理就是决定其客户服务质量的关键因素。综上可以得到,迪士尼世界成为"地球上最快乐的地方"的关键就在于其成功的员工管理模式。如果可以借鉴其成功奥秘,那么我国的主题乐园也能长久发展,充分开拓客源市场,带动相关产业链发展、区域经济发展。

1. 加强主题乐园文化建设,培育组织团队精神

迪士尼世界在招聘员工时就注重主题乐园文化的宣传以及团队精神、员工凝聚力的培养。在此方面,我国主题乐园也应该注重主题乐园文化的传承,注重调整主题乐园的人际关系,树立团队意识,强化员工对主题乐园的忠诚、归属感,满足员工需求,增强凝聚力等。

2. 聘用合适的人才

迪士尼世界在招聘时着重挖掘那些善于交谈、性格活泼、富有激情、喜欢微笑的应聘者作为员工,并且详细了解其爱好、已掌握的技能等信息,进而将其匹配到最佳职位。在此方面,我国主题乐园应该注重考察应聘者的性格、沟通能力,再结合应聘者的意愿、技能、工作经验等,把适合的人招进主题乐园,把适合的人放在合适的岗位,进而最大限度地发挥其能力和服务顾客。

3. 走动管理

迪士尼世界各个部门经理或者考评人员通过走动管理在一个工作区域收集员工的反馈信息,优点在于可以在工作氛围中实际考评员工。我国主题乐园可以适当借鉴,既可以起到现场督促的作用,又可以进行考评。

4. 合理使用临时人员

迪士尼世界的员工分为全职、兼职、季节工以及实习生,所以在经营的不同时段能够合理配置员工。在此方面,我国主题乐园应该在遵守《中华人民共和国劳动法》和《中华人民共和国劳动合同法》的前提下,建立起符合自身经营特色的灵活用人机制。通过灵活录用兼职、实习人员等方式以补充经营旺季人员缺口,但是要注意防止因临时大批量聘用人员而导致服务质量下降。

5. 重视新员工培训

迪士尼世界采用多种培训方法对员工进行主题乐园文化、规章制度、工作技能以及迪士尼特有的客户服务指导方针等的培训,让员工认识迪士尼的历史传统、成就、经营宗旨、管理理念,甚至专门设立培训机构迪士尼大学。我国主题乐园应该制定必要的制度确保培训工作正常化、正规化,保证员工掌握服务技能和基本素质,如掌握旅游英语等。同时将一些服务理念适当地教条化、框架化,可以让员工在实际工作当中有章可循。

6. 加强高管人员队伍建设

迪士尼世界的管理层员工不仅拥有卓越的领导能力、具备专业知识,而且擅于与下属员工沟通、解决问题。我国主题乐园也应该注重提高管理人员的整体素质,主题乐园是个复杂的系统,需要具备各种专业知识和专门的管理运营技巧的管理者。

7. 备有先进的科技和装备

迪士尼世界配备内部沟通网络、内部即时通信软件、行李追踪系统,甚至大部分上岗员工都配有对讲机。在此方面,我国主题乐园也应该大力投资,以保证服务的高效性、专业性和灵活性。

8. 留住好的员工

如果一个主题乐园不能使员工满意,就不要指望员工使顾客满意。迪士尼世界非常注重员工的福利:员工可以不限次数地免费游玩主题乐园;购买园区纪念品、入住迪士尼酒店享有折扣;发放迪士尼纪念衫;免费参加各种迪士尼庆祝活动等,这些福利都可以加强员工的自豪感和社会形象,从而激励员工更好地工作。在此方面,我国主题乐园完全可以借鉴迪士尼世界的福利政策并为员工提供有竞争力的薪酬。

9. 重视每一位员工

迪士尼世界始终重视每一位员工,创造和谐的主题乐园气氛,调动每个员工的积极性和创造性。迪士尼完善内部员工沟通网络,积极动员员工提出合理化建议和要求,营造健康向上和充满活力的主题乐园文化氛围。向做出成绩的员工发放表扬卡、"为你喝彩"卡或者将事迹刊登在海报上。我国主题乐园可以学习这一点,用实际行动重视员工,比如记录下每一个员工的生日,生日当天给员工祝福等。

10. 注重员工的文化差异

美国社会本身就是一个文化大熔炉,再加上迪士尼世界的国际大学生带薪实习项目,导致迪士尼世界内部的员工的文化差异非常明显,而迪士尼世界在此方面有很多对策。我国主题乐园的员工也许不会像迪士尼世界那么的国际化,但我国南北文化差异也很明显。所以建议我国主题乐园在细节方面可以同时顾及我国南北文化差异。例如,庆祝节日时,南方人喜欢吃汤圆而不是饺子,北方人则反之。

【做中学、学中做】 请收集资料,列举迪士尼世界员工管理模式及其对中国主题乐园的借鉴,填写表 5-8。

表 5-8 迪士尼世界员工管理模式对中国主题乐园的借鉴

课中实训

实训项目	以小组为单位,选择熟悉的主题乐园,调查其人力资源管理现状,分析其优势与不足,尝试提出改进意见
实训目标	1. 加强主题乐园人力资源的相关概念、定义的认知; 2. 了解主题乐园人力资源规划的内容和迪士尼世界员工管理模式对中国主题乐园的借鉴意义; 3. 结合课中学习内容,掌握主题乐园的招聘与甄选、培训与职业生涯规划、绩效考核、绩效管理、薪酬与福利、员工关系管理等工作

续表

实训地点	
物料准备	相机或者可以摄像的手机、笔记本、笔等
实训过程	1. 被调查主题乐园人力资源现状？ 2. 被调查主题乐园人力资源管理有哪些特点？ 3. 被调查主题乐园人力资源管理存在哪些问题？ 4. 被调查主题乐园人力资源管理方面可以从哪些方面进行提升？
实训总结	通过完成上述实训项目，你们学到了哪些知识？
实施人员	组长：　　　　　　　　　成员：
实训成绩	实训考勤（20分）
	小组组织（20分）
	项目质量（60分）
效果点评	

课后拓展

浅谈本土主题乐园"95后"员工管理

本土主题乐园的生存和发展除了依靠不断创新项目，提升内涵，完善运作外，人力资源管理也是非常重要的一个方面。因主题乐园的目标客户群多为青少年，所以为了更好地与客户互动，为客户提供更为满意的服务，主题乐园一线服务人员中大多也是年轻人。例如，在芜湖方特的四个主题乐园中，"95后"员工占比都非常大。

"95后"员工刚刚迈入职场，与主题乐园的雇佣关系形成的时间短，稳定性低，对主题乐园的忠诚度也较低。"95后"员工的高离职率将对主题乐园和员工本身都带来不利的影响,如何对"95后"员工进行管理,提高其工作的满意度和忠诚度,是主题乐园的人力资源管理面临的严峻考验。"95后"员工大多成长环境优越,部分人自己不愿意吃苦,导致有一些"95后"缺少吃苦耐劳的精神、存在缺乏规划性、抗压能力弱等问题。面对"95后"员工管理的难题,主题乐园应针对其特点,扬长避短,改变传统管理方式,有针对性地制定人才管理的新策略。

主题乐园的六员一体管理模式

(一)完善激励体系

1. 从员工需求出发,丰富激励方式

从根本上来讲,激励的真正起点是满足员工的需要,所以激励的首要任务应该是确认员工的需求。需求确认是一个非常复杂的工程,员工的需要会因人而异,因时而异,并且一个人可能会同时存在多种需要,所以主题乐园人力资源管理部门应深入调查研究,持续了解员工需要层次和需要结构的变化,制定有针对性的激励措施。

2. 掌握激励原则,丰富激励方式

改变单一的物质激励方式,将物质激励与精神激励相结合,正向激励与负向激励相结合。

(二)实施薪酬改革,健全薪酬体系

1. 实施宽带薪酬

宽带薪酬更加重视员工个人,员工只要注意培养自身的能力,提高技能,就可以在本职岗位上获得较高的报酬。同时,宽带薪酬有利于内部职位轮换,有利于推动工作绩效的提高。

2. 建立员工的评星体系

员工评星制度是根据员工的能力及工作表现,将同岗位的员工分为不同的星级,员工的薪酬和评估的星级挂钩。确定合理的评星周期,保证每个星级员工都"能上能下",促使员工不断地努力提高自身的劳动技能,增加自身的"含金量"。

3. 建立自助餐式福利

自助餐式福利是指设计众多的福利项目供职工进行选择,满足"95后"员工的"个性化"需求。自助餐式福利项目能有效解决目前本土主题乐园在福利实施中的困局——公司耗费了大量时间、金钱推行福利制度,而员工却对此并不买账,认为公司并没有提供自己所需要的福利项目。

(三)做好职业生涯管理

1. 建立初入职员工的伙伴制

为每一位初入职员工安排一位"伙伴",作为公司文化的传播者和新员工的领路人,帮助"95后"员工尽快适应工作环境。伙伴的责任期从"95后"员工进入公司开始,一直到"95后"员工转正为止,伙伴负责在"95后"员工的全部岗前培训、初期工作等方面的协助。

2. 构建员工多通道发展

员工发展多通道模式始于美国主题乐园的研发部门实施的"双阶梯"发展模式,该模式给组织中的专业技术人员提供与管理人员平等的薪酬、地位和职业发展机会。多通道

模式是双阶梯机制的一种外延形式,是指主题乐园根据自身的特点,设计多条平行发展的职业路径,满足主题乐园中不同类型的岗位人员的晋升需要。"95后"员工独立、自我、不畏权威,确实给本土主题乐园的人力资源管理带来了很大的挑战,但同时也为本土主题乐园的人力资源管理提供了革新的机会。高层管理者及人力资源管理人员应切实了解"95后"员工的需求,采取针对性的激励措施,改革薪酬制度,完善薪酬体系,同时协助"95后"员工做好职业生涯的规划和管理,使这支"95后"员工组成的主题乐园的生力军能为主题乐园的发展贡献自己的力量。

(资料来源:佚名.浅谈本土主题乐园"95后"员工管理[EB/OL]. https://www.docin.com/p-2667689352.html.(2021-05-21)[2020-08-30].)

思考:请调查周边地区的主题乐园对青年员工的管理方法,了解青年人的个性与需求,请思考应如何管理与服务青年员工,以调动他们的工作积极性。

项目六

做好主题乐园的产品创新

课前导入

打造优质旅游体验,该向迪士尼学习些什么?

迪士尼的用户
画像及对策

2018年6月16日,上海迪士尼开业两周年。作为第一个在中国内地落地的迪士尼乐园,仅在开园的第一年里游客接待数就超过了1100万人次,而且2018年整年度接待达1200多万人次,不仅在开业首年实现收支平衡,还实现了超乎预期的盈利。如今,人气爆棚,开业近两年的上海迪士尼交出了自己引以为豪的答卷。两年来,上海迪士尼迅速创造出如此销售业绩,其背后,除了中国强大的消费市场之外,也与迪士尼一向注重最高品质、最优服务与营造最优体验的强大IP密不可分。在文旅融合、迈向优质旅游的时代,对于旅游产品、服务和理念的创新方面,我们到底需要向迪士尼学习什么?

1. 注重需求的"宾客学"魔法

1928年,华特·迪士尼做出了最初版本的米老鼠,并配上了精美的音乐、配音。当他拿着米老鼠找电影发行商和专业人员去咨询意见时,人们并没有表现出兴趣,没有人愿意把他的米老鼠搬上荧幕。后来他尝试在小影院放映,仅放映两周,就受到观影者的热烈欢迎和好评。那时的华特便意识到,只有最终的用户体验和需求才能真正决定产品是否真的存在价值。

于是,迪士尼在诞生之初,就一直在研究着怎么让用户的体验达到完美。其实,对于这一点,大多数旅游目的地、旅游品牌都尝试提升用户的旅游体验,甚至为此使出了浑身解数。比如,努力挖掘产品文化、打造出优美的旅游环境、让旅游商品更新换代,包括培训员工,告诉他们要注重自身仪表、微笑服务等。可是,只做到这些就足够了吗?

为了让旅游者达到完美体验的迪士尼不只做到如此。迪士尼的第一步是要洞察用户的需求、了解用户的行为规律,并为游客提供超出他们预期需求的服务,这是非常重要的一步。为此,他们还专门研究出"宾客学"让员工学习,"宾客学"就是研究和认识宾客的学问,迪士尼正是基于这种对用户需求的极端重视,才是他们能提供优质服务的关键所在。

现如今,有很多旅游目的地的景区都在打造自己的品牌形象,在开发旅游资源的过程中,他们也会请一些行业专家对品牌产品和服务进行定位,对市场人群进行划分,对游客的需求进行分析。可是,在这个过程中,他们有对最终用户(即游客)的消费心理、喜好、行为规律等做过深度的分析和调研吗？如果他们做了这部分工作，那么，又做到了何种程度？

是否做到或接近"宾客学"的标准？他们知道顾客是谁，顾客深层次的期望是什么。都说知己知彼，百战不殆；倘若做到知己莫若彼，那么将会是百分之两百的胜出了。只有深度注重旅游者的需求，注重产品和服务提供过程中的每一个细节，使体验超出游客的预期，才是优质服务的最优注解。

2. 人员培训中的"魔法"

除了"宾客学"，对于人员方面，很多主题乐园心不遗余力地对新入职员工进行考核、对在职员工进行各方面培训，效果不能说没有，可也像是隔靴搔痒般的程度，起不到一个质的推动和飞跃。那迪士尼对员工的入职和培训有着怎样的神奇魔法呢？

一般的主题乐园新员工面试，大致都会在一间办公室里进行问答，问应聘者对主题乐园文化、目标的了解及阐释，对工作岗位职责的交流，以及薪资待遇等问完就结束了。可是当求职者去迪士尼面试时，推开门突然响起了《爱丽丝梦游仙境》里的音乐，当你走过长长的走廊时，看到的都是迪士尼的元素。

随后求职者在一个像灰姑娘的城堡里等待入职，周围的一切布置新鲜而有趣，殊不知等待入职的过程会让人充满如此惊喜的体验。之后求职者便会深深理解到，在迪士尼花费巨资和人力物力专门给求职者打造的这幢神奇建筑里，迪士尼的良苦用心。他们让员工都能获得超出预期的体验，那么员工便也会明白自己工作的价值，也同样会给游客提供超出预期的服务和体验。

我们再来看看迪士尼是怎样培训清洁工的。一般地，在决定聘用某个清洁工之后，会对他们进行三天的"特别培训"。第一天上午的培训内容是扫地，仅是工具就细分为三种。每个清洁工还要记牢规定：开门的时候不能扫，关门的时候不能扫，中午吃饭的时候不能扫，距离客人1.5米内的时候不能扫。下午的培训内容是照相，全世界各种型号的相机都要学会使用，为的就是当游客提出要帮忙照相时，迪士尼的员工都能帮上忙，而不是摆摆手说不会。次日上午的培训内容是抱小孩，然后下午培训辨别方位；第三天是培训得体的沟通方式和一些常用外语。正是这种魔法般的细致入微的培训才让迪士尼让每一位游客都获得超乎预期的感知和体验。作为主题乐园的运营者，你对员工的培训又做到了哪一步？

3. 场景和流程的魔法

人是环境的动物，场景也有"魔法"。迪士尼极其重视场景的体验设计，场景不仅仅提供信息，它往往也引导体验。在迪士尼的度假区，主要的场景都被称为"世外桃源"，迪士尼在最早期时，华特·迪士尼就把游乐园围起来形成边界，边界之外就是高速公路、建筑等平常世界，围墙之内就是迪士尼精心打造出的世外桃源般的"神秘的世界"。

主题乐园中的植物造景

这个"神秘的世界"的每一处都有着与外界环境迥然不同的有着高标准、高服务的体验区域，把用户的场景体验放大到了极致。每一个场景都又由很多细节构成，例如，迪士尼的荒野度假区并不算是园内最主要的场景区，可是也同样的做到了细致入微。

荒野度假区的道路是弯弯曲曲的小路，道路两旁的松树上面还挂着老式的灯，放着"熊出没"的标志；当游客沿着大堂走出建筑时，会看到僻静的远处完全没有开发的湖泊，立刻让你想到了最自然的景观。相反地，如果是拿一般的旅游目的地景区来说，大都是把关键的主体区域作为关键,场景打造也格外用心,可是往往会忽视相对不重要的区域的场景布置和维护。

试想如果游客游览到此处,发现沿途道路上还有装满垃圾的袋子,或是枯萎的植物,那么他们的感受是什么。正是这些看似不起眼却很关键的细节,决定了游客怎样评价主题乐园的产品和服务,从而决定了他们的体验度。一个旅游景区内,不仅是主要景区的场景细节要注重,而是所有的场景细节都要注重,事无巨细,因为所有的事物都在"说话"。

流程上的"魔法"同样重要,因为流程就是提供服务的策略、任务和程序,通过流程,可以让景区内重复发生的问题以及各个不同部门之间互相配合衔接、处理的工作,能够使工作得以高效地开展,从而提供持续稳定的服务。就以游客最简单的经常询问到的问题举例,"花车游行是三点开始吗?"普通景区工作人员在回答这类问题时往往回答"是"或"否"就结束了。但是迪士尼却对流程上出现的、顾客反复都会询问的信息做了最标准版、最详尽的方案,一律按照统一的话术来解答。他们会回答你巡游花车到达指定地点的时间、花车游行的线路以及最佳观赏点在哪里。正是这种对流程上的高效、全面的把握和无缝衔接、处理,就像是同样把服务施加了魔法一般,超出预期地解决了游客的需求,从而成就了他们完美的旅游体验。

总结看来,提供顶级用户体验的要素无非是注重游客需求和体验的"宾客学"、人员、场景和流程这几个方面。"宾客学"能让你明白你的定位和用户,人员是核心,场景也会说话,流程是保证。对于旅游目的地而言,所有的这一切只为成就最优质的服务。最优质的服务是什么?

(资料来源:付萍.打造优质旅游体验,该向迪士尼学习些什么?[EB/OL].https://mp.weixin.qq.com/s/klVxEtadiXK0utdCnpGzRg.(2018-05-14)[2022-07-01].)

本案例中打造主题乐园品牌,营造独特体验的极致做法对新形势下的主题乐园业及其从业人员有什么借鉴意义?

课前导入任务单

任务名称	做好主题乐园的产品创新	时间		班级	
成员名单					
任务要求	从现象方面能初步对主题乐园的旅游体验打造有所认知				

1. 查阅迪士尼的旅游体验打造相关材料,请描述迪士尼的旅游体验打造的哪些方面让您印象深刻?

2. 迪士尼的旅游体验打造有哪些特点?

3. 通过迪士尼的旅游体验打造的案例,请思考我国在发展具有中国特色的主题乐园体验方面有哪些值得借鉴的地方?

续表

4. 请写出你所知道的主题乐园特色体验。

完成效果自评	优秀	良好	合格	不合格
成员姓名				

课中学习

1998年,约瑟夫·派恩与詹姆斯·吉尔摩在《哈佛商业评论》杂志上撰文《迎接体验经济》,首次提出了"体验经济"这一概念。随后两个人合著了《体验经济》一书,详细论述这种全新的体验。他们认为体验是当一个人达到情绪、体力、智力,甚至是精神的某一特定水平时,意识中所产生的美好感觉。这种体验经历是属于个人的,没有两个人能够得到完全相同的体验经历。

随着我国经济的发展,旅游体验时代已经到来,游客对主题乐园的感官体验要求也发生了变化,主题乐园的产品不能仅满足于简单的娱乐、游玩的功能,而是要增加更多的体验项目,让游客感受更多的追求刺激、惊险,并且能让游客能够积极参与主题乐园的活动中,能够表现自我、展示自我。

一、旅游体验

(一)旅游体验的含义

关于旅游体验的含义,邹统钎(2003)认为,真实性是旅游体验的本质,旅游体验的类型可分为娱乐休闲性的体验、学习教育性体验、逃避的体验、审美的体验、移情的体验等,为了给游客提供舒适而特别的旅游体验,旅游景区的体验需营造出差异性、游客的参与性、感知的真实性和挑战性,快乐是旅游体验的目标,游玩观赏、互动交往、参与游戏等方式都可达到这个目标;谢彦君(1999)认为,旅游者的旅游经历就是旅游体验、旅游景观、旅游产品及旅游服务、旅游设施之间的相互作用,就能让游客有产生旅游的动机,进而产生旅游行为,而这些过程最终都能让游客有满足感,即有了旅游体验;黄鹏(2004)认为,从心理认知的角度来讲,旅游体验就是游客对旅游产品的一个心理和情感上的认知过程,游客的个性气质,文化水平及兴趣爱好等因素均影响着旅游体验的感知;李舟(2004)认为,主题乐园提供给游客的体验是一台剧,舞台是用旅游服务搭建,道具是旅游产品,这一剧目主要目的是激发游客主动参与,引起内心的共鸣;余建辉(2005)等认为,旅游体验是旅游者的心理与外界造景的相互融通、交流,旅游者的心理借助外界给予的信息会发生变化,从而回到内心真实感受的过程。

旅游体验是主题乐园营造的可以让游客感知到特别个性的情愫。它是旅游产品与游客的身体和心理进行沟通交流过程,与此同时,游客本身也是一个旅游体验产品形态而存在着,也是旅游者亲自参与其中的本真化过程。

【做中学、学中做】 请归纳总结各种主题乐园定义者及其含义,填写表 6-1。

表 6-1 各种主题乐园定义者及其含义

定义者	各 种 含 义	本书的认识

(二) 旅游体验的类型

旅游业的可持续发展,就是努力实现旅游者不断发展的消费需求。因此,旅游体验是各种各样,并且在不断变化中的。Pine 等(1999)根据体验者的参与程度把体验分为娱乐体验、教育体验、逃避体验和审美体验 4 种,简称 4E。这种划分对今后学者在体验类型上的划分影响意义最为深刻;魏小安(2004)认为,游客除了娱乐体验、教育体验和审美体验外,还主动寻求个性刺激,所以应该是"刺激性体检"而非"逃避体验"。

汇总所有的体验类型,可为主动体验和被动体验;原体验和再体验;世俗体验和审美体验;直接体验和间接体验;真实体验和虚拟体验;体验过去、体验现在和体验将来;封闭性体验和开放性体验;内心体验与行动体验:娱乐体验、教育体验、遁世体验和美学体验;感官体验、情感体验、思维体验、行动体验和关联体验;动态体验和静态体验、人文体验和自然体验等。

本书将从感官体验、情感体验、思维体验、行动体验和关联体验的角度来进行主题乐园产品开发模式的建立。

感官体验(sense),即为人类最直接的五种感官刺激——视觉、听觉、嗅觉、味觉、触觉,是先有直接的感官刺激(stimuli),经过神经传达,进行过程(processes)处理,最后有外在反应(consequences)SPC 的模式。

情感体验(feel),情感是人类细微、细腻、积极、消极等各式各样的复杂情绪组成的。情绪体验是外界刺激,传递到内心和身体的感知。

思维体验(think),是指经由信息的刺激、激发的对该信息做出的集中思维或是分散思维。思考体验的重点在于用创意引起人们对一个事物产生深层次的思考,从而达到某一事物想要传达给人们的主要目的的目标。

行动体验(act),即全身肢体的参与,个体之间产生行为后所带来的体验愉悦感。行动体验包含实质的身体体验,行动要能够引发身体欲望,刺激到一些人类的非自觉的活动,因为生活形态而影响行动力。

关联体验(relate),是指人与人之间的社交,互相传递经验,达成集体认同感,维系社会群体生活体验总和。

【做中学、学中做】 请归纳总结各种旅游体验的类型,填写表6-2。

表6-2 各种旅游体验的类型

分　类	具　体　内　容	其他类型

二、主题乐园产品

(一)主题乐园产品的内涵

著名营销大师菲利浦·科特勒(2003)将产品定义为,产品是可以以任何形式出现在市场上的所有物品的概念体,它能够被人们拥有和消费。产品可以是实实在在的实物,也可以是人提供的服务、思想或见解等。也就是说产品是一种能够满足人们的任何需求的,可以在市场上进行交易的任何形式任何形态的东西。

主题乐园产品是指为了满足游客在游玩、休憩等方面各种各样需求的,根据一个特定的主题,在利用现代科学技术构建的多层次活动空间中,开发、设计出的有形的或无形的集娱乐活动、休闲要素和服务设施于一体的新型旅游吸引物,它可以是具体的旅游项目和活动,也可以是能带走的主题乐园旅游商品,还可以是无形的带不走的只能感受或是立即消费的公园服务。主题乐园产品具有休闲娱乐、康体健身及艺术观赏等功能,集知识性、观赏性、趣味性、教育性和参与性于一体。

(二)主题乐园产品的层次

1994年,营销大师菲利浦·科特勒提出了产品层次理论,他指出产品是有核心、有形和可延伸3个层次。核心产品由核心利益或服务组成;有形产品由品牌、质量、形态、设计、价格、特色和包装组成;延伸产品由售前服务、售中服务和售后服务组成。

根据菲利浦·科特勒的产品层次理论,并结合主题乐园产品的具体特征,董观志、郑维(2005)将主题乐园产品层次也划分为核心产品、有形产品和延伸产品三个层次。核心产品,即旅游者的感知与体验,主要是指旅游消费者的身心舒畅愉悦感;有形产品,即自然景观与人造景观,主要是指游乐设备、食宿设备、服务人员设备等实际存在的物品和服务;延伸产品,即园区的地理交通便利情况,主要是指公园的知名度、公园的服务满意度等外在的条件。

综上所述,主题乐园产品的含义和层次比较宽广和全面,不仅指实际存在的提供给游客游乐的实物设施设备以及公园围绕主题营造出来的环境,同时还包含了游客的自我感受和体验过程,公园的周边环境及公园提供的服务质量,和游客旅游时的心情天气等。

(三)主题乐园产品分类

主题乐园产品在形态上是可以有形,也可以无形的,层次上宽泛而多层次,是多角度、多方位的,而游客对主题乐园产品的要求也是各种各样的,同样,对主题乐园产品的分类也就无统一标准。这里分别从产品层次、产品间的销售关系和娱乐活动的特点三个角度对其进行分类。根据产品层次分类,可分为核心产品、有形产品、延伸产品三类;依据产品间的市场销售属性进行分类,可分为独立销售、替代销售、互补销售、条件销售品四类;从娱乐活动的特点角度进行分类,可以将主题乐园产品分为展示型、参与型、体验型、复合型产品四类。

【做中学、学中做】 请归纳总结各种主题乐园产品,填写表 6-3。

表 6-3　各种主题乐园产品

分　类	具 体 内 容
主题乐园产品内涵	
主题乐园产品层次	
主题乐园产品分类	

三、游客对主题乐园产品的特殊体验要求

在体验经济时代下,游客消费水平的提升,带动了我国旅游产业的飞速发展。游客对主题乐园产品的消费需求,同样也随着旅游经济的发展,发生了变化,有了特殊的要求。在体验经济时代,游客的最优体验是畅爽,即有形或是无形主题乐园产品,都要达到生理上和心理上的舒畅。本部分我们以苏州格林乡村公园产品为例做分项说明。

(一)要求主题乐园产品具有鲜明的娱乐刺激性

随着经济全球化的发展和多元化的文化发展,我国的消费者的消费思想和行为已经逐步跟国际接轨,所以在这一阶段,消费者在考虑求新求异的同时,也逐渐开始追求自我

实现价值的娱乐刺激性。旅游消费者个性化的体验要求,使主题乐园产品在感官上和情感上需要具有吸引力和震撼力,例如,欢乐谷惊险刺激的动感产品就深深吸引了许多游客。游客的关注点有别于一般的消费体验感受,需要达到能够实现自我价值的体现,只要能够震撼心灵的,不论是静态的还是动态的,都能深深吸引游客。主题乐园提供的不论是需要亲自体验策马奔腾动感的马术表演;还是需要屏住呼吸静静地观看的传统"上刀山下火海"绝技表演,都是鲜明刺激的体验感受。

(二)要求主题乐园产品具有淳朴的自然真实性

游客到主题乐园的一大重要驱动因素是主题乐园景观产品的返璞归真、园林设计的真实性。工作的巨大压力,让城市白领们想逃离水泥城市,回到自然、本真的、野性的世界释放自己。"做个孩子、做个农民"成了主题乐园营造给游客的真实感需求。

(三)要求主题乐园产品具有独特的文化主题性

随着教育水平的提高,国民文化素质的提高也体现在旅游的需求中,相对于传统的旅游消费者,体验时代的旅游消费者更看重文化需求,对文化的独特性和文化内涵需求的标准更高(郭宏杰,2010)。旅游消费者在主题乐园的消费过程,往往是一种发掘和感悟文化差异的行为过程,旅游者对传统本土文化和异域文化的好奇和求知愈来愈强烈,他们对传统文化的认同感和反思也越来越深入,所以,只有经得起思考,经得起时间锤打的主题乐园文化内涵才是游客真正需要的。苏州格林乡村公园的文化定位,无论是童话乡村、手工体验,还是活态农家、健康美食,均能从视觉、听觉、嗅觉、味觉、触觉上与游客达成共鸣,从文化上得到游客的认同。

(四)要求主题乐园产品具有较强的互动参与性

游客到主题乐园,更希望能够参与到公园产品的设计与创造中,只有这样,游客与主题乐园产品才能产生共鸣。体验时代的游客的体验以及主题乐园产品的认知度较之以往有了大幅度的提升,对主题乐园产品的审美眼光也有了质的改变,普通的主题乐园产品已经不能再满足他们对公园产品的体验需求。近几年的游客开始倾向于年轻化(积极好动)、独立化(自我意识强)以及个性化(参与表现自我),很多主题乐园开发的产品诸如探险、极限运动、美食旅游等,满足了多数游客的身心需求(张玉香,2011)。诸如必须2~3个人一起穿的长板鞋、儿童时代的少有的儿童玩具——滚铁环、能"高人一等"的高脚马等,这些游戏活动就能吸引大量的游客参与并且停留体验。

(五)要求主题乐园产品具有体验服务的快捷性

随着科学技术的快速发展,在网络技术的支持下,电子支付与数字化管理日益完善的时代,游客在体验服务中要求快捷迅速,以达到能自我享受的时间更充裕,特别在黄金周期、旅游旺季期间,对主题乐园产品的快速应对、反应能力的要求更为苛刻。游客想要快速识别自己的方位,选择自己感兴趣的公园产品,达到支付的快捷性的消费需求,APP应运而生,它中汇集了大多数主题乐园的旅游信息以及其推荐行程安排,设有多种游玩路线,满足各类人群的游玩需求。同时,APP应用中还有卫星导航系统,可以给游客提供地理信息,让游客分析确定想要到达的主题乐园的方位,导航系统还能监测出各个主题乐园产品目前的游客数量聚集情况,提供游客游玩路线的决策,避免拥挤或是等候的烦恼。

【做中学、学中做】 请归纳总结旅游者对主题乐园产品的特殊体验要求,填写表6-4。

表6-4 旅游者对主题乐园产品的特殊体验要求

要求要点	具体内容

四、主题乐园产品的体验开发原则

(一)体现舒畅体验原则

主题乐园服务十大原则

主题乐园产品的开发需要满足游客消费需求的娱乐刺激性、自然真实性、互动参与性。娱乐刺激是体验的最直接感官,娱乐刺激的主题乐园产品会刺激游客的感觉细胞,适度的娱乐刺激能使旅游者忘却自我,最大限度地释放自己,做到体验的舒畅感、愉悦感。开发主题乐园产品的自然真实性,需要从给游客塑造一种自然真实性体验感出发,保持产品的本真性,这是游客真实情感的体验需求,产品的自然真实性可以给予游客体验代入感、融入感,从而产生情感上的共鸣。互动参与是一种行动体验,游客将在产品的互动参与过程中获得满足,参与程度与体验效果呈正比关系。

(二)提炼文化主题性原则

主题乐园产品的开发需要满足游客消费需求的文化主题性。主题乐园产品文化主题的开发是游客消费体验的基本要求和准绳,是主题乐园产品的活灵魂,只有个性独特的文化主题才能充分刺激游客的旅游体验感官,从而让游客得到心灵感知,进行思考体验的过程后,留下深刻的感受和强烈的印象。文化是主题乐园产品设计开发的生命力,缺乏文化底蕴会使主题乐园的旅游缺少内涵和生命。体验主题文化,不仅能强化体验的品牌形象,还能满足消费者自我实现的深层次和高品位的追求。

(三)享受服务快捷性原则

主题乐园产品的开发需要满足游客消费需求的体验服务快捷性。主题乐园产品的开发,需要应用现代信息科技,在科技深入人类生活方方面面的今天,主题乐园产品开发中的科技设计不能落后,只有将高科技融入产品的开发设计过程,才能适应旅游消费者的消费需求。主题乐园产品的开发,享受服务快捷性原则还表现在结合市场日新月异快速发展与变化的需求,满足游客的即时享受快捷感。

【做中学、学中做】 请归纳总结主题乐园产品的体验开发原则,填写表 6-5。

表 6-5 主题乐园产品的体验开发原则

原 则 要 点	具 体 内 容

五、主题乐园产品的体验开发思路

(一)文化是主题乐园的灵魂

北京环球影城开园消费者洞察

在开发主题乐园产品时,有鲜明个性的文化主题,才会对游客产生强烈的吸引力。例如,苏州格林乡村公园的文化主题"童话乡村、手工体验、活态农家、健康美食"就不是在开发主题乐园产品的时候就确定的,而是走了很长时间的弯路才确立的,而且因为在建园之初未确定好文化主题,导致开园初期游客的旅游时候的愉悦感、体验感降低,影响了公园的发展。

体验文化主题是游客进行旅游体验的出发点,也是其最终想到达到的心灵愉悦感知的目的,也是游客想获得的畅爽体验核心利益。

主题乐园产品文化主题的挖掘,应以游客的立场为出发点。首先要收集整理旅游市场的游客消费的各种需求数据,在充分了解游客需求的基础上选择能够打动游客消费的一个最合适的,又最能够突出主题乐园产品特色的文化主题,这也是主题乐园产品具有市场竞争力及生命力的源泉。一个好的主题乐园产品的文化体验主题,必须要能释放与感染游客的内心被压抑的真实感情;文化主题的代入感可以让能够改变游客对现实的感觉,逃离现实生活;文化主题的激励性能让游客"在合适的地方、适宜的时间,做合体的事";文化主题的稀缺性则能够让游客有依恋感和愉悦感。

(二)营造体验场景

体验场景营造的核心理念是真实感,只有给游客以真实的感觉,才能让游客有身临其境的忘我感,游客才能融进主题乐园的文化主题中。真实感能够刺激游客的感官体验,内心形成独特的感受与共鸣。苏州格林乡村公园在场景上,重点是格林小镇的欧洲风格的建筑和中国乡村的木质建筑,这样中西方乡村建筑的结合,符合了公园的文化主题"童话乡村"。同时,用高科技手段营造科幻,也可以激发游客的好奇心和对场景的真实感。

(三)设计体验过程

主题乐园产品的体验过程的设计,既包括公园内的各种参观游乐设施,也包括众多的节事活动。就游乐设施而言,只有注重娱乐和刺激并存,让游客感受到突破自我、挑战自我、实现个人自我的时候,设施才是成功的。苏州格林乡村公园里大坊村的长板鞋(可以容纳2~3个小朋友的脚,让他们喊着口号一起走路,可以锻炼他们的协调配合能力)、滚铁环(这是20世纪五六十年代的人童年的玩具)、高脚马(这是流行于湖南、湖北、四川、贵州四省周边,各县市广大土家族、苗寨乡村的一项乡村民间传统的体育活动,需要很强壮的脚力和完美的协调能力)、竹马掌(竹子做的类似马掌的玩具,主要锻炼手和脚的协调配合能力),大坊村的"村长"会在游客聚集时,组织大家比赛,表现优异者可以获得公园的一份纪念品。这些主题乐园的活动都具有很强的参与性,需要游客积极参与体验过程,才能享受到快乐。节事活动也是游客体验的重要来源,开发设计节事活动时,娱乐性和文化性并存才能够让活动更有深度、更有内涵。组织策划活动的细节一定要安排游客的参与互动,只有当游客亲身参与到了活动中,才能更好地体验其中的乐趣,留下更深刻的印象。

(四)整合多种体验服务

主题乐园产品的开发不仅要靠造景、布景、氛围的烘托、硬件设施做支撑和参与度较高的节事活动,更要靠人性化、快捷化、信息化的服务等软件环境。游客在主题乐园参与娱乐的过程会创造特殊包括接受的服务的体验过程。主题乐园就像一个体验的剧场,服务人员就是里面的演员,而服务就是演员特意安排的一些节目表演,服务人员的"表演"成了游客最深刻直观的一种体验。苏州格林乡村公园为了做好这些剧目,还特制了多套表演服装,每天早晨开园时,真人玩偶将穿着具有代表性的公仔,如咘哮羊、牛大叔、警长猫、狗厨师、小猪妹、小猪弟、马大帅等一起表演欢迎秀,往往在这个时候,是小朋友和游客们最喜欢的时候,他们可以看到纯真的公仔,看到单纯的快乐,开始新一天的旅程。这时候的主题乐园的服务人员已经不知不觉地融入主题乐园的文化主题中,也带动了游客,这时候,他们提供给游客的不仅是服务,还是一份关怀和一个美好祝愿。

【做中学、学中做】 请归纳总结主题乐园产品的体验开发思路,填写表6-6。

表6-6 主题乐园产品的体验开发思路

开发思路要点	具体内容

六、主题乐园产品的体验开发模式

主题乐园产品的体验主要由感官体验、情感体验、思考体验、行动体验和关联体验五个维度构成。这五个维度对游客的体验价值有着显著的影响,体验价值又对游客的旅游行为意向有着显著影响。体验价值会直接影响游客对主题乐园的忠诚度,且是成正比关系的。本书以苏州格林乡村公园产品为实例,从消费体验的五个维度来进行"五维体验组合"开发模式分析。

（一）感官体验开发

主题乐园产品的感官体验开发是从视觉、听觉、触觉、嗅觉、味觉这五种感官着手，由这些感官的直觉刺激感知，经由人类大脑的处理后产生的反应结果。主题乐园产品的开发设计要充满吸引力，就要在感官上能带给游客的一种奇特的震撼力。要让游客的体验深刻，除了从文化主题和意象的引导，还需要外围环境着手，例如，从视觉、听觉、嗅觉、味觉、触觉上全方位衬托。主题乐园产品的整体开发设计，要重视体验主题与环境的协调统一性，要选择积极、色彩鲜明、有感染力的建筑风格，商业气息不能太浓。同时，需要通过现代信息科技的力量，以及人为经营管理来统一游客与公园文化体验主题之间相协调的感官氛围。

视觉体验设计比较直观，在建筑景观、文化景观、视线走廊等场景的营造上，建筑景观需要与周围的环境和谐统一，建筑风格足够丰富多样；文化景观需要能够与游客产生共鸣，强化文化主题在游客心中的感受；视线走廊需要契合游客好奇、求新，达到惊喜的效果。让游客在整个游览过程中，有一种深刻的完美的体验感。苏州格林乡村公园在公园产品的视觉体验的设计上是比较成功的，格林小镇的建筑设计是特别用心的，外观造型迥异，五颜六色的外墙和鲜亮瓦片，让游客一进入公园就有了童话般的色彩感。大坊村的整体建筑是木质结构，砖瓦屋顶，让游客一进入就有种回到真实乡村的感觉。

听觉体验设计实际上就是一种声音设计。在主题乐园里，最大的声音除了自然界的声音外就是游客的声音，其次才是背景音乐。在大自然的背景下，游客的声音具有动感和吸引力，那么背景音乐就需要严格地和主题紧密联系在一起，这样才能够增强游客的体验感。亲子乐园的陶笛屋，就是在听觉上具有吸引力的公园产品。在陶笛屋，游客可以体验吹奏陶笛，陶笛屋的主人还会教游客们一些简单的乐曲。格林公园在背景音乐的选择上也多以自然优雅的潺潺溪水声和虫鸟声为主，营造出完全切合自然、融入自然的感觉。

触觉同视觉一样，都是感知能力最迅捷的感官，可以立即给人们第一印象，触觉也是主观感最强的感官，在触觉感官体验的设计中，主题乐园产品需要更加真实、细腻，要通过游客的手、脚、脸等全身心的接触感觉目标，获得真实的触觉，从而给游客带来体验的价值。例如，亲子乐园的彩绘馆里，游客可以细细品味这种触觉感，可以在手上、脸上进行彩绘，一只蝴蝶、一朵花都能够让游客回味无穷；玻璃工坊吹制玻璃工艺品的乐趣也尽在嘴上，呼吸的轻重缓急可以造就一件具有艺术气息的工艺品，其中细腻的体验感受只有参与者才能真正体味。

嗅觉设计要以清爽、清香、清甜的感官让游客产生心旷神怡，并为之付诸行动的体验感为目的。嗅觉设计中常常采用植物的花香，如梅花、兰花、桂花等，或是利用食品的飘香来吸引游客。格林公园的嗅觉设计就相对少些，没有营造特定的香气，多以自然的草树、瓜果香为主。

主题乐园的
对客服务

味觉的设计则需要借助于视觉、听觉、触觉、嗅觉的先导作用，才能够实现的体验设计，它是最难以融入体验设计的一种感官语言。由于很多的主题乐园产品是不能品尝的，所以这里味觉的感官体验开发，更多的是指美食和与美食相关的公园纪念产品的开发。当将主题乐园一些产品设计成为美食时，游客的味蕾就得到了释放，味觉的设计就完美了。在苏州格林乡村公园的格林小镇上的面包馆、啤酒馆,大坊村半月美食城的公园产品设计,都是属于游客味觉产品的设计。我国香港迪士尼在乐园内配备多元化的厨房,既有中国各地的美食,也有东南亚各国的美食,还根据这些国家的节日安排了具有浓郁的民族特色的食品,有效地增加了综合收益。

(二)情感体验开发

主题乐园产品的情感体验开发,看似缥缈,但实质是要抓住游客的情感需求,开发出能让游客开心、紧张、叹息、伤感的产品。游客去主题乐园游玩主要是想体验一种特殊的愉悦或是体验多种复杂的心情,主题乐园的景观及建筑氛围的营造,均要以特定的文化主题为中心,渲染出一种或多种可以让游客感悟体会的情感,让游客能很快进入状态,让感情能得到宣泄。另一个提高游客情感体验的途径是将主题营造与影视媒体相结合,这样会具有长久深远的吸引力。

苏州格林乡村公园情感体验的开发也是丰富的,既可以在三叶草露营地体验卡丁车的飞驰感;也可以在大坊村耕渔居后面的湖边钓鱼,体验做一整天渔民的休闲感;还可以坐在湖悦区的湖心亭品茶吹风,体验逃离闹市的舒适闲趣感;也可以在有机农场干一天农活体验酣畅淋漓的劳累感。

(三)思考体验开发

主题乐园产品开发中的思考体验开发是对体验价值和行为意向的关键决定因素。思考体验的诉求重点是智力,目标是用创意的产品使游客自己创造认知,从而引起游客的思考、激发游客的好奇心,让游客产生代入感,继而满足游客的体验需求。

思考体验开发要求主题乐园产品必须要不断地创新,不断满足游客求新、求异的体验需求。主题乐园产品的创新就是要开发游客的思考力,挖掘游客内心的诉求,充分发挥游客的想象力,同时也要适应市场发展的需要。体验的创新与参与是与体验感受的存在时间长短成正比的,这意味着主题乐园产品的开发越成功,越具有吸引力和竞争力。

苏州格林乡村公园的羊角锤榨油坊是中国乡村传统古法榨油坊,它展示了传统古法榨油的制作过程,工具主要有碾盘、双灶台、榨槽木和悬空的羊角形油锤。工艺流程大概分为七个步骤:第一步,先用土灶将菜籽炒干;第二步,用牛拉磨将炒干的菜籽破成粉末;第三步,再用土灶将粉末蒸熟;第四步,将蒸粉做成饼;第五步,将饼放入羊角锤中间的榨油槽入榨;第六步,用力敲打羊角锤,使蒸粉能够榨出油;第七步,将香油装入缸装瓶。这是一个传统的工艺流程,从第一步了解到第七步,也是一个思索的过程,其中有对传统工艺的赞叹,也有对这种古法将要遗失的缺憾,还有对现在技术的欣慰等复杂的思绪。

提供游后思考体验载体,即主题乐园主题文化商品,是增加游客思考体验的另一项手段。主题乐园的旅游纪念品能使游客在旅游后还能继续维持对主题乐园的思考和回忆。与此同时,主题乐园开发具有自己文化主题特色的可带走的纪念品,不仅可以带来经济收入,更主要是可以为公园的形象做宣传。在主题乐园文化纪念品的开发上,格林乡村公园是相对缺失的,那里只有格林乡村公园的果味酒,但也仅仅是只是在一些特殊活动或接待中作为赠品出现,而作为对游客售卖的商品还未实现。

（四）行为体验开发

主题乐园产品开发的行动体验开发是最易于实现的，且是最容易引起游客的主动互动的体验开发。行为体验是仅次于思考体验的影响体验价值的第二大因素。行为体验的开发成功，也就意味着主题乐园产品开发成功了一半。行动体验的开发包含着实质的身体体验开发、有生活形态参与的行动力开发、因互动产生的行动开发以及一些非理性的活动开发等。

主题乐园产品的开发需要增加游客的参与和互动的行为体验环节，这有利于达到体验的另一种生活方式的效果。主题乐园提供给游客的应该是愉悦宽松的游览环境，高度仿真的模拟景观、有趣的节事活动和积极互动项目能够让游客融入主题乐园营造的愉悦氛围中。由于游客是积极主动进入公园营造的文化主题场景，亲身感受场景所表达的文化主题内涵，所以会产生很强的参与感，让游客达到一种进入角色的错觉体验。

苏州格林乡村公园产品在行为体验的开发上是相对比较多的，几乎每个区域都有让游客参与行动的产品。例如，格林小镇的面包房有专门为小朋友定制的比萨制作课程；亲子乐园里有精彩纷呈的游乐项目；晴天时，还可以在湖悦区的风筝坪放风筝；紫花牧场里的跑马场可以骑马；在有机农场里体验采摘及种植的乐趣，等等，都是需要游客参与进来的产品。

（五）关联体验开发

感官体验、情感体验、思考体验和行动体验都是专注于游客个人的单纯的体验开发，而关联体验则侧重于开发游客与游客之间、游客与社会之间、游客的集体之间的体验感受，重在开发游客与社会文化环境之间的传递与交流，从而创造一种独特的体验感。

感官体验和行动体验是直观易于表达且可视的，而情感体验和思考体验则是内在的、难呈现的，因此关联体验是复杂的，所以它们之间的关系，很多主题乐园产品的体验开发中是交互融合、相辅相成的。主题乐园产品的开发要尽量符合游客各种消费需求体验，这其中最好的办法是将五种体验形式融合起来，有效发挥各个体验的优点，满足游客的多种体验感、满足感和畅爽感。在主题乐园产品的开发中，相对于其他四种体验开发来讲，关联开发是需要精心设计的。例如，在苏州格林乡村公园的三叶草露营地，有室外拓展训练的体验产品，公园开发的拓展训练主要是以野外生存和露营为主。公园的紫花牧场里还有一片花田，主要是与开心农场联合，实现线上养花，线下收花的完美结合。但苏州格林乡村公园在公园产品关联开发上做得还不够深入，产品的设计还不够精进，是需要不断完善改进的。

【做中学、学中做】 请归纳总结主题乐园产品的体验开发模式，填写表6-7。

表6-7 主题乐园产品的体验开发模式

模式要点	具 体 内 容	典 型 案 例

续表

模式要点	具体内容	典型案例

七、深圳欢乐谷基于游客体验开发产品的主要做法

（一）重视游客的参与

"体验"可以用"参与"来代替，重视游客参与是为游客创造体验价值的前提条件。主题乐园的产品只有具备了参与性，才能形成感召力和亲和力。深圳欢乐谷从开业以来，始终重视游客的参与，通过运用现代科技手段和大胆、富有想象力的设计不断提高游客的参与热情，促进了与游客之间的良性互动。例如，游客在欢乐谷能亲历山洪大爆发时矿工乘坐矿车狼狈逃生时的惊心动魄场面；乘坐渔船去寻找沉睡海底的宝藏，并在途中经历种种奇迹等奇妙的体验。

（二）设计个性鲜明、文化内涵丰富的体验主题

欢乐谷的主题定位于"欢乐"，旨在打造"繁华都市的开心地"。这就把握了都市娱乐消费的需求和趋向，向游客特别是现代都市人提供了娱乐身心的娱乐产品。欢乐谷始终以"欢乐文化"为指导来设计产品，并且将这种文化国际化。深圳欢乐谷全园共有九大主题区：西班牙广场、魔幻城堡、冒险山、金矿镇、香格里拉森林、飓风湾、阳光海岸、欢乐时光和玛雅水公园。每一部分都有个性鲜明的主题，并且具有世界级的文化根基，这些文化差异巨大的主题可以让游客体验到不同的刺激。

（三）不断地设计与更新体验项目

体验项目是指主题乐园内的各项设施设备，是用来实现游客体验的有形载体。体验项目的设计要求"形散神聚，形神合一"。每一个项目的设计都要围绕主题进行，并力争表现主题。欢乐谷的游乐设施并不是没有生命的机械，例如，玛雅水公园的飓风滑道便设置在南美风情的氛围中，游客瞬间从18米的高空飞驰而下，不仅能够体验到刺激，还可以体验玛雅文明的神奇，并享受嬉水的欢乐。此外，体验项目还在不断地更新，每年都会从美国、荷兰等发达国家引入众多全国乃至亚洲独有的项目。项目多元化组合能为各个年龄层的游客不断创造新的体验，这也是深圳欢乐谷能保持良好经济效益的重要原因之一。

(四)不断地完善和优化服务

服务是主题乐园体验产品的重要组成部分,主题乐园的各项活动与每个环节都渗透着服务,可以说服务贯穿于游客体验过程的始终。深圳欢乐谷为了能给游客创造更多的体验价值,推出了"表演式服务"。在这种服务里,员工不再只是简单的工作人员,还要充当演员的角色,是能与游客互动的、流动的景点。在深圳欢乐谷,各种服务活动就是演出,并使游客参与到演出中来,获得最直接的体验感受。

(五)提供各种具有欢乐文化的纪念品

旅游纪念品是游客体验回忆的沉淀和再现,往往能提升游客对主题乐园的体验。在商品经营方面,深圳欢乐谷开发了美国西部的淘金系列商品、香格里拉的东巴文化系列商品、欢乐岛的玛雅文化系统等各类丰富的主题旅游商品,还创造出主题人物"皮皮王",并推出了系列主题产品进行销售,制成卡通剧。这些产品加深了游客对主题乐园的情感,能够引发游客再次游园的愿望和冲动,从而提高游客的重游率。

【做中学、学中做】 请归纳总结深圳欢乐谷基于游客体验开发产品的主要做法,填写表 6-8。

表 6-8 深圳欢乐谷基于游客体验开发产品的主要做法

做 法 要 点	具 体 内 容	效 果 作 用

课中实训

实训项目	以小组为单位,选择附近的主题乐园,调查至少两种类型的主题乐园产品,分析被调查主题乐园产品旅游者体验的现状,能对其基于游客体验开发产品提出改进意见
实训目标	1. 加深对旅游体验、主题乐园产品的认知; 2. 了解旅游者对主题乐园产品的特殊体验要求、主题乐园产品的体验开发原则和主题乐园产品的体验开发思路; 3. 结合课中学习内容,掌握基于游客体验开发产品的优化方法

续表

实训地点	
物料准备	相机或者智能手机、笔记本、笔等
实训过程	1. 被调查主题乐园体验产品属于哪种类型？ 2. 被调查主题乐园产品体验有哪些特点？ 3. 被调查主题乐园产品体验存在哪些问题？ 4. 被调查主题乐园基于游客体验开发产品方面可以从哪些方面进行提升？
实训总结	通过完成上述实训项目,你们学到了哪些知识？
实施人员	组长：　　　　　　　　成员：
实训成绩	实训考勤(20分) 小组组织(20分) 项目质量(60分)
效果点评	

课后拓展

浅探"方特"主题乐园产品创新经营模式

后来制胜数方特

20世纪80年代,以迪士尼乐园、环球影城等为先导的美国主题乐园开始了全球扩张,这带动了以深圳华侨城"锦绣中华"为首的我国主题乐园在20世纪90年代也走上了快速发展之路。然而,据不完全统计,我国目前已开发主题乐园近3000个,投入资金近4000亿元,大规模主题乐园投资浪潮中,约70%处于亏损状态,约20%持平,仅有约10%盈利,其失败关键在于生命周期未能得到很好延续。以"方特"为品牌的大型文化科技主题乐园是深圳华强文化集团的主要产业,连续六年获评"中国文化主题乐园30强",拥有"方特欢乐世界""方特梦幻王国"两个完全自主知识产权的主题乐园品牌,已在芜湖、泰安、株洲、青岛、沈阳、郑州、厦门等地投资建成十余个主题乐园,成为文化旅游支柱和特色品牌。其常盛的关键在于提升服务质量,而核心则在于不断创新的旅游产品。

一、"方特"经营模式分析

目前,"要欢乐,去方特"已成为响亮的口号和招牌,在芜湖欢乐世界(2007年10月)、汕头欢乐世界(2010年1月)、泰安欢乐世界(2010年5月)、芜湖方特梦幻王国(2011年12月)、青岛梦幻王国(2011年7月)、沈阳欢乐世界(2011年9月)、株洲欢乐世界(2011年9月)、郑州欢乐世界(2012年6月)、厦门梦幻王国(2013年4月)、芜湖水上乐园(2014年6月)、郑州方特水上乐园(2014年7月)、嘉峪关欢乐世界(2015年4月)等地都可以享受到方特的魅力和国际化标准的欢乐盛宴。"方特"的兴盛离不开其游乐载体所呈现的游乐盛宴,即旅游产品的创新。

(一) 主题构思创新

主题乐园的开发有创新性,才能吸引游客。"主题"是大文化背景,是核心,"方特"就构思出了自己欢乐世界、梦幻王国、东方神话、水上乐园四个板块的主题,打造出不一样的欢乐体验。

(二) 项目设计创新

"方特"主题乐园注重国际水平项目开发,如亚洲首座大型多水幕立体交互历险项目所——罗门封印、国内最大的玛雅主题大型历险项目——神秘河谷。同时,设计了代表其形象的卡通人物——嘟比和嘟乐,熊大和熊二,给游客带来互动和感观体验。

(三) 体验创新

体验经济要求给消费者提的不再仅仅是商品,更是感性的力量和难以忘却的愉快记忆。"方特"乐园大多项目寓教于乐,参与性强,让游客在一系列的感官刺激和心灵震撼后获得精神满足和知识积累。并且这种体验是独特的、国际化的,体验最先进的科技和最具时代性的感知体验。

(四) 技术创新

"方特"主题乐园作为高科技的主题乐园,充分运用高科技的计算机操控、自动控制、数字模拟与仿真技术。从研发到设计都来自自主创新,拥有完全知识产权,并达到国际先进水平。如"飞越极限"项目背后就有曲面电影投影系统及方法、娱乐用动作模拟设备等多项发明专利。

(五) 结构创新

"方特"乐园在游乐项目的设计上始终以顾客为导向,根据"老少皆游"的原则设计诸多游乐项目,如水上乐园的"儿童区""合家欢区""造浪区",适合不同年龄层次游客。

(六) 文化创新

"方特"在运用高科技手段的创意中注重凸显"中国元素",演绎属于中国的"欢乐"文化。如在周游世界的惊险之旅,游客可以看到珠穆朗玛峰、故宫和万里长城;"悟空归来"项目把中华文化经典《西游记》里的神奇世界融入公园之中,在水与火的神秘空间,让游客一睹齐天大圣王者归来。

（七）产品销售市场定位创新

"方特"重新界定市场，构建"网络化市场"各个网点采用无差异目标市场模式，对整体市场营销宣传，产生"方特"的全国品牌甚至世界品牌效应。

（八）营销理念创新

"方特"基于目标市场、顾客需求、整合营销和盈利能力四个核心要素，利用各种营销技术，以高效、有利的方式传送目标市场所期望满足的新产品，以获得预期的经济和社会效益。

（九）营销技术创新

"方特"在营销方面善于利用技术，线上与线下结合，走"互联网+"时代之路，同时利用媒体网络宣传进行品牌营销，例如利用《熊出没》《生肖传奇》《百万巨鳄》等作品的体验营销。

二、"方特"模式的成效与局限

"方特"主题乐园能够成为文化旅游支柱和特色品牌，其产品创新模式是核心的主体和成功之道。作为华强科技文化集团的主营业务，2007年开园以来取得的成绩直接体现在其经济效益上，据华强文化集团的财务报表显示其创收近年来都超过20亿元；经济发展的同时必定带动当地的相关产业发展和就业率的提升，丰富游客的精神娱乐需求。同时，"方特"是社会发展文化产业的大文化政策背景下的产物，具有惠民性；"方特"作为中国自主知识产权的品牌已然成为中国主题乐园的代表，还输出到伊朗、乌克兰等国家，开创了中国文化科技主题乐园"走出去"的先河，伊朗伊斯法罕"方特欢乐世界"已于2014年8月开业，具有品牌效益和国际效益。

然而，"方特"主题乐园所代表的主题乐园产品创新模式也并不是万能公式，不能直接照搬，也存在其特有的应用和推广范围的局限性。

（1）需要强大的人才科技支撑。"方特"最大的优势在于拥有自己的知识产权，拥有强大的研发团队，提供科技和智力支撑。

（2）需要强有力的政策支持和资金支持。"方特"主题乐园能够拥有今天的成就离不开国家及地方的政策支持，适应当代文化大融合的背景，利用自己的优势，应用世界集团主题乐园和政府提供的大量资金来打造自己的欢乐世界。

（3）需要有良好的营销环境。"方特"主题乐园产品创新模式不仅包括内容（主题）创新，也包括产品营销创新，这必然离不开良好的营销环境，除了宏观的大市场社会环境外，主要是微观的消费者市场环境。

（4）建设项目和设施中要注重"本土化"的因素，避免项目建成落地后"水土不服"。

（资料来源：吴伟佳.浅探"方特"主题乐园产品创新经营模式[EB/OL].https://www.wenmi.com/article/pxhpba03txtl.html.(2022-09-08)[2022-08-15].)

思考：请调查周边地区主题乐园产品的创新经营，了解什么样的主题乐园产品创新经营才是受旅游者欢迎的，请思考如何实现产品创新？

做好主题乐园的营销工作

课前导入

杭州宋城全民沉浸式体验：主题乐园营销3.0时代来临

在主题乐园的运营和营销中，活动策划正变得越来越重要。浙江杭州宋城景区内，3场穿越大会——宋城演艺年度股东大会、首届钱塘仙侠会、新书发布会，揭开了该主题乐园景区"我回大宋"全民穿越活动的序幕：数百位宋城演艺的投资者、宋城演艺核心管理层与数万名游客身穿各色古装，共同"穿越"回到1000年前的宋代。

这次穿越活动也正好呼应了该主题乐园在1996年提出的"给我一天，还你千年"的主题。乔扮成苏东坡的宋城演艺董事长，在主题乐园营销领域拥有丰富的掌舵经验。他将传统媒体时代宋城的活动策划称为1.0版，新媒体时代宋城演艺的策划称为2.0版。此次宋城景区"我回大宋"全民穿越活动，正是宋城演艺活动策划的3.0版。

"互联网+"时代的主题乐园，如何用创意的杠杆，撬动轰炸式的宣传效果和巨大的市场转化率呢？记者对此进行了走访。

1. 穿古装、用交子，万人穿越创行业先河

"2017年春，杭州宋城景区的时光机发生故障，将所有游客送回到1000年前的宋代。我们谁都无法真正回到过去，但凭着每个人的努力，我们可以创造历史，共同演绎千年以前大宋的这一天。给我一天，还你千年！"这是"我回大宋"全民穿越活动噱头十足的宣传语。

3月24日，5万多名游客身穿古装共同"穿越"回到千年前的"大宋"，与宋城艺术团演员共同演绎沉浸式演出《我回大宋》，将杭州宋城景区变成巨大的沉浸式演出场所……记者了解到，从3月起到5月底，宋城景区准备了上万套男女老少的宋服，免费提供让游客体验一把"穿越"。而且如果游客拒穿古装，将被拒绝入园，而游客若在游览过程中脱掉古装，也会被衙役"捉拿"押送至衙门听候发落。

这边参加完岳飞的募兵、打完金兵，那边又变成三千粉黛中的一员送别偶像柳永，这厢装扮成宫女跟随宋高宗出巡，那厢又成为主战派或主和派中的一员在街头辩论……在这场穿越之旅中，每一位游客可以选择自己喜欢的角色，加入这一场宋代生活的流动画卷中，参与到《岳飞点兵》《风月美人》《三千粉黛送柳永》《宋皇巡游》等演出中，共同演绎着千年前大宋的这一天。

宋代都市经济发达，出现了世界上最早的纸币"交子"。因此，宋城景区为游客提供了用于体验的"交子",分布在景区内的大宋钱庄提供兑换服务,这也是景区内商贩唯一接受的货币,游客们充分体验了在宋代消费的乐趣。

宋城演艺品牌策划部总经理表示,与以往策划不同,为了达到沉浸式体验的效果,"我回大宋"全民穿越活动花费并不菲。例如,活动为游客准备的数万套各有特色、做工考究的古装,就是在短时间内用了好几家工厂才赶制出来的。

宋城演艺董事长告诉记者,世界主题乐园研究机构美国主题娱乐协会(TEA)与美国AECOM集团联合发布的榜单显示,宋城演艺同时进入了全球Top 10主题乐园集团和亚太地区Top 20主题乐园榜单,已成为主题乐园领域的佼佼者。其中,宋城演艺在活动策划和市场营销上的努力功不可没。

宋城演艺活动策划的特点就是以小投入获得巨大关注度和市场转化率。但由于投入小,也给抄袭者、模仿者带来了便利。"宋城演艺虽然乐于分享与切磋主题乐园营销经验,促进行业共同发展,但也要保持领先地位,这也是发起此次全民穿越活动的初衷之一。因为只有创意者不死,独特者永存。"宋城演艺董事长说。

2. 咖啡馆开进宋城,吸引年轻人要突破思维定式

主题乐园内开设的星巴克咖啡是宋城勾栏瓦肆里颇受年轻人喜爱的场所。虽然这与宋朝这一主题不符,但这一突破背后,其实隐藏了宋城演艺希望吸引更多年轻客群的心思。

今日头条此前发布的全国重点主题乐园关注度指数榜单显示,团客占比较高的宋城演艺,亲子客群和中老年客群占据半壁江山。

"5年前我们就发现了这一问题。"宋城演艺董事长曾对此直言。过去,宋城演艺客群中45岁以上的人数占比达到70%,通过这几年的努力,年轻客群占比日趋增长,特别是其集团旗下杭州、三亚、丽江3个主题乐园,各年龄客群占比已经十分优化。在收入方面,在部分主题乐园中,年轻的散客群体,所贡献的收入占比已经超过一半。

"为了吸引年轻群体,在外围,我们增加了很多针对年轻人的活动策划,如在四川九寨宋城旅游区策划了'对牦牛发呆'这类年轻人喜欢的活动。在景区内,我们引入了以星巴克为代表的商铺,满足年轻人的消费需求。在表演方面,我们也结合年轻人的兴趣点增加了快闪等个性化活动。"宋城演艺董事长表示。

这也折射出主题乐园运营并非一蹴而就的现实。除了精确的定位、丰富的产品体验,市场营销成为越来越多主题乐园保持品牌吸引力的重要砝码。

宋城演艺品牌策划部总经理指出,通过吃、喝、玩、乐、游、赏、购体验穿越众生相,正是宋城演艺探索的营销新模式。"此次全民沉浸式演出,游客都是参与者,也是自媒体时代的传播者。这一体验颠覆了游客与主题乐园之间'观赏与被观赏'的静态关系,让游客成为主题乐园氛围的一部分。同时,这一形式也改变了传统旅游演艺中演员与故事的叙事关系,游客可以自由地选择角色、去到想去的地方,甚至改变故事的结局。"

记者在现场了解到,在该活动期间,虽然游客只要购买门票就能够免费获得古装入园,但可供挑选的"穿越"人物服装还十分有限,主要分为男款、女款和童款。除了穿古装、体验园区活动外,游客还很难参与到具体的角色扮演和互动中。部分业内人士也表示,如何做好"穿越"体验是一大考验。而互动体验,正是主题乐园营销3.0版本的重要特点。

宋城演艺品牌策划部总经理表示,这一探索处在初级阶段,还需要不断细化,才能达到每个人都有角色扮演、都能影响剧情的发展的效果。

3. 话题为王,活动营销要借势也要造势

中国已经成为全球重要的发展主题乐园国家之一。包括宋城演艺、华侨城、华强方特、海昌、长隆等在内的国内主题乐园运营商,在开疆拓土、广泛布局的同时,一直在探索如何高效运营主题乐园。

互联网和移动端的兴起,给主题乐园营销创造了更多机会。除了深化自身IP产业链外,多家主题乐园运营商开始更多地借力娱乐营销,以提高品牌知名度和吸引力。

在这一方面,长隆、华强方特和宋城演艺走在了市场前列。例如,华强方特、宋城演艺等承接录制了《奔跑吧兄弟》《极限挑战》等国内热门综艺节目。而在更早以前,长隆与《爸爸去哪儿》等综艺爆款的合作,更是成为主题乐园与真人秀合作的经典案例。

对此,宋城演艺董事长认为,主题乐园营销中"话题为王,造势不如借势"。"除了借由综艺节目增加曝光度外,借势也非常重要。比如,借势电影《奔跑吧兄弟》,宋城演艺旗下的三亚千古情景区在该电影上映的当年春节期间人气爆棚、一票难求。"

记者了解到,除娱乐营销外,以往市场营销活动多以节庆活动的形式呈现,主题乐园依据不同的节日,如端午节、儿童节等热门节日,策划特定主题节庆活动,促进游客前往消费。近年来,节庆活动泛滥、创意不足,在市场转化率上表现更是参差不齐。

因此,除了传统的节庆营销,宋城演艺还采取了以主题活动带动专题活动的形式,在主题活动的主线带动下,开发多项专题活动。杭州宋城景区全年策划推出了新春大庙会、花痴节、辣椒节三大主题活动,三亚宋城景区推出冬季三亚夏威夷草裙舞节等,在博得眼球效应的同时,传递出正能量的品牌内核。

"裸婚典礼、母亲节媳妇给婆婆洗脚、水公园素颜相亲、动物园真实版美女与野兽、千名金刚芭比穿越成岳家军、千古情美女秀A4腰……近年来,宋城演艺推出了一个接一个网络'爆款',每个活动都以微小的投入达到巨大的网络点击率,成为现场级话题。这极大地提升了宋城的品牌曝光度,激发了游客来宋城旅游区看千古情演出的热情。"宋城演艺董事长说。

在价值导向上,宋城演艺董事长表示:"策划者必须时刻谨记,三观要比五官正。溯本归源地说,策划最基本的要求就是说人话、干人事。在此基础上,要把逻辑思维形象化,做到话题和画面的极致,因为这是一个看图说话的时代。"

(资料来源:鲁娜.杭州宋城全民沉浸式体验:3.0时代来临[EB/OL].https://mp.weixin.qq.com/s/O_AImSnb04VsA0vcAzYhMQ.(2017-04-08)[2022-08-17].)

本案例中杭州宋城全民沉浸式体验的创新主题乐园营销做法对各地已有和在建旅游项目有什么借鉴意义?

课前导入任务单

任务名称	做好主题乐园的营销工作	时间		班级	
成员名单					
任务要求	从现象方面能初步对主题乐园营销工作有所认知				

续表

1. 查阅宋城相关材料,请描述宋城营销的哪些方面让你印象深刻?

2. 宋城营销工作有哪些特点?

3. 通过宋城营销的案例,请思考我国在发展具有中国特色的主题乐园营销方面有哪些值得借鉴的地方?

4. 请写出你所知道的主题乐园营销的经典案例。

完成效果自评	优秀	良好	合格	不合格
成员姓名				

课中学习

主题乐园被世界旅游组织称为当前及未来国际旅游发展的三大趋势之一,但目前我国主题乐园经营状况却令人担忧,70%的主题乐园经营惨淡,盈利者连一成都不到,其中一个不容忽视的因素就是许多主题乐园营销不足。

一、现代主题乐园的营销的内容

（一）现代主题乐园的营销规划

主题乐园营销

主题选择是现代主题乐园营销规划的重要内容。细观外国主题乐园的成功,都离不开精心的主体包装。例如,环球影城主题乐园以电影为主题,园内的娱乐项目充分融合电影元素,比如室内过山车与《木乃伊归来》相结合,让观众仿佛来到电影场景中,给观众带来惊险、刺激的奇妙体验。另外,主题表演也是主题乐园的重要组成部分,表演内容围绕主题展开,注重与观众的互动,应用先进的科技手段,呈现多样化的表演形式,营造热烈的表演氛围,给观众留下深刻印象。主题乐园的表演活动也是吸引游客的主要因素,表演形式主要包括各场馆的主题表演以及花车巡游等,游客可以与表演者近距离接触,合影留念。除了主题设计,营销规划还包括主题乐园的选址、规划设计以及做市场预算。选址主要是从客源市场出发,由于现代主题乐园一般占地面积较大,考虑到地价成本以及城市用地规划,现代主题乐园一般建在城市边缘。在选址时要充分考虑与居民密集区的距离以及周围交通是否便利,还要保证附近有广告商业圈,方便主题乐园的活动宣传。在建设前做好市场调查,以市场消费水平决定主题乐园的投资规模,以市场消费观念引导主题建设和经营方向,避免出现亏本经营的情况。

(二)现代主题乐园的营销管理

在我国,主题乐园的收入来源主要依靠门票,而反观国外成功的主题乐园,门票收入只占主题乐园经济收入的较少部分。主题乐园可以通过住宿、餐饮和购物等多种渠道盈利,在主题乐园的建设经营过程中,经营者要做好营销管理,可以对园内的酒店、餐厅进行统一建设,还可以引进外来品牌,通过合作分成的方式运营,为游客提供多种选择。另外,广告赞助是主题乐园在初期实现资金迅速回笼的重要途径,通过公园品牌与赞助商品牌的强强联合,扩大主题乐园吸引力,实现互利共赢。

(三)现代主题乐园的营销控制

主题乐园在经营初期要进行试开园活动,通过降低票价迅速吸引游客,同时对游客做好调查,通过游客的反馈对公园进行整改。在经营过程中要注重游乐项目的升级换代,不断为游客提供新体验。在营业较长时间后,可以在附近建设第二个主题乐园,打造产业集群,增强吸引力。

例如,迪士尼注重整合营销,能够把所有的子品牌,如米老鼠、唐老鸭、白雪公主和小矮人以及其他形形色色的卡通玩具,整合成"迪士尼家族",放到顾客面前,从而吸引顾客的到来。这就是一种主题品牌与文化品牌的整合。

【做中学、学中做】 请归纳总结现代主题乐园的营销内容,填写表7-1。

表 7-1 现代主题乐园的营销内容

营销内容	详细解释	典型举例

二、主题乐园的主要营销方式

(一)广告

旅游产品的可感知质量直接影响游客的购买决定,建立感知质量与客观质量、价格、市场占有率以及广告这四个主要影响因素之间的线性和非线性关系公式,进行多元回归,可以得出广告投入和产品感知质量相关的结论。游客对主题乐园主题氛围体验的第一步就是广告。广告可分为电视广告和纸质广告两类。电视的传播效果较好,也是提高主题乐园知名度的最有效的手段之一。但电视广告的价格昂贵,为节约成本,主题乐园也应在纸质媒体上投放广告。

(二)数据库营销

在电子信息技术快速发展的背景下,经营者将消费者看成一个个独立的个体并进行营销。比如迪士尼乐园就致力于研究"游客学",把对人的关注、个性释放及个性需求的满足推到空前中心的地位,并与市场逐步建立一种新型关系,这种关系甚至可以引导潮流,创造市场需求。数据库信息的来源不只是入园游客,还来自主题乐园网站的注册。利用人口统计数据、心理记录数据(如活动、兴趣和意见等)以及联络背景数据等重要的游客信息,建立游客个人数据库,与游客建立更为个人化的联系,通过数据库的反馈信息,可以及时了解游客需求和市场动向,通过这些互动的联系,增强主题乐园的"口碑"效应。当然,数据库营销的成本和运营是昂贵的,它要求在个体消费者和市场调查方面的信息收集上的高额投入,还有在软件上的高投入以及在擅长数据采集和开发的人员上高额投入。

(三)活动策划

活动策划是主题乐园动态旅游产品的重要组成部分,也是有效的营销方式。一般有主题节事活动、表演性活动和参与性活动三类。主题乐园通过拥有的大量微缩景点,结合民俗轮流推出新的活动,加上参与性活动的趣味营销手段,可以更加突出现场气氛,多层次、全方位地营造欢乐轻松的立体效果。

(四)网络营销

目前我国开展网上营销主要有两种途径:一是建立主题乐园自己的宣传网站;二是在门户主流网站上发布主题乐园的广告或链接。通常运营商会将二者结合进行。然而和国外的迪士尼乐园等主题乐园相比,我国的网络营销差距很大,具体表现在以下几个方面:从界面友好度来说,国外主题乐园网页使用了包括动画、声音和文字等多媒体技术来进行表现,生趣盎然,而国内网页界面不少仅用文字和图片,缺乏吸引力;从功能上来说,国外主题乐园网站提供在线游戏、在线预订等多种方式,并兼有信息收集的功能,而国内网站不少却只有简单的信息陈列。网络营销目前还没有引起国内主题乐园运营者的足够重视,其作为体验营销的一种方式可以培育大量的潜在游客资源,对吸引眼球和主题乐园形象导入具有重要作用。主题乐园营销的积木流程如图 7-1 所示,而目标市场细分最好以游客数据库为参考。广告、网上营销、活动策划和数据库营销则围绕游客体验的三个阶段(游园前、游园中、游园后),是主题乐园营销的主要方式。

除此之外,协同营销是主题乐园的明智之举,主题乐园可借助中间商加入旅游路线;也可以通过大型节事产生的光环效应吸引游客;更可以依靠政府对外宣传的力量打响品牌。协同营销的流程的最后一步,是对营销绩效进行评估,一般是按月或季度进行的,这就要求营销计划要规定市场营销活动的所有细节,用确定好的标准对活动结果进行衡量,评价项目是否超过预算以及结果是否有偏差,如果超支或有偏差,则应重新调整营销计划。主题乐园可以从强势品牌塑造、新产品开发、主题系列产品开发等方面进行选择市场策略,其组合模型如图 7-2 所示。

图 7-1　积木流程

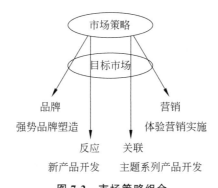

图 7-2　市场策略组合

（五）强势品牌塑造

对主题乐园而言,品牌塑造的关键是市场定位。简单来说,就是要让游客能清楚地认知主题乐园间的差异性。主题乐园的品牌塑造应包括以下六大要件：形象、传播、服务、管理、文化和创新。如图7-3所示,上下对应另有深意:形象需要传播,服务依赖管理,文化呼唤创新。因此,也可将这六大因子看作是对品牌价值的贡献力要素。从物理力学角度来讲,各个分要素均可有独立的作用力,其力量的大小、方向、冲击性、能量等可以用现代物理学来计算,即品牌可看作是一种力量,而且由形象力、文化力、传播力、创新力等诸多力叠加合成的结果。

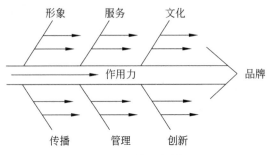

图 7-3 品牌塑鱼刺图

(六)新产品开发

巴甫洛夫的条件反射理论提示我们,知名度的保持和巩固,必须不断用优质概念来强化,否则知名度就会退化甚至走向反面。对于主题乐园来说,加快新产品开发的主要意义是延长生命周期。从国外的经验看,主题乐园在本地、本国的回头客是其主要客源,因此普遍采取一种循环更新的模式,即在运营期间也要不断进行投资。将相当一部分的收益用于对现有项目进行改造。如迪士尼多年一直使用三三制,即每年都要淘汰30%的硬件设备,新建30%的新概念项目。项目的经常更新可以吸引消费者重游,循环高投资模式形成了持久的吸引力。在美国,主题乐园年总收入的4%~5%用于新项目和新景点的再投资,即使经济低迷时期,最长每3年也要进行一次再投入。

【做中学、学中做】 请归纳总结主题乐园的主要营销方式及其优点分析,填写表7-2。

表 7-2 主题乐园的主要营销方式及其优点分析

主要营销方式	详 细 解 释	优 点 分 析

以冰雪奇缘为例说明主题乐园的营销方式

三、国内主题乐园现有的营销方式

(一)围绕IP经济,有文化才有体验

在当下中国,IP(知识产权)经济引起文化市场热潮。华强方特、大连圣亚等大型主题乐园集团积极布局IP生态圈,华强成功培育了"熊出没"

等知名IP,大连圣亚推出了"大白鲸"IP,使之成为国内IP经济的重要实践者与领军者。

(二)使用时髦科技,营造酷炫游乐氛围

很多主题乐园把视角转向VR(虚拟现实)、AR(增强现实)、5D等高新科技,让科技营造酷炫的游乐氛围,为特定游客打造独特的环境认同感,提升他们的重游度。作为国内主题乐园的航空母舰,华侨城在2016年借助VR技术的火热,推出了VR动漫剧场和VR实验室(甘坑新镇项目)、XD动感影院、黑暗骑乘剧场(深圳欢乐谷)等。

国内主题乐园
有效的营销手段

(三)搭上娱乐产业,将欢乐"秀"到底

在全民娱乐的社会环境下,主题乐园也开始颠覆传统营销思路,开始与娱乐产业深度合作,其中最典型的就是主题乐园与娱乐真人秀的合作,通过真人秀实现有效的市场化营销。例如,方特承接录制了浙江卫视《奔跑吧,兄弟(第四季)》和东方卫视《极限挑战(第二季)》等国内一线综艺节目,以及长隆在2015年与《爸爸去哪儿》强强联手创造了"长隆奇迹",成为主题乐园与真人秀合作的经典案例。

(四)借势社交媒体,另类的圈层营销

社交媒体的兴起对旅游营销产生了天翻地覆的影响。社交媒体能够最大限度地增加项目曝光度,提升主题乐园的知名度。越来越多的游客喜欢在社交媒体上记录旅行经历,与家人和朋友分享。对于主题乐园来说,这是游客替他们做的免费公关,因此主题乐园要特别重视完善免费无线网络建设,增加拍照场景,引导游客进行圈层传播。

【做中学、学中做】 请归纳总结国内主题乐园现有的营销方式,填写表7-3。

表7-3 国内主题乐园现有的营销方式

现有的营销方式	详细解释	典型案例

四、主题乐园营销策略的核心点

(一)有效的主题定位

旅游主题定位准确、有效是一个主题乐园生存、成功的一个先决条件。主题是主题乐园形成鲜明特色和个性灵魂,每一个成功的主题乐园都有强烈的主题特色,并为自身建立鲜明的公众形象,同时也为自己创造有利的市场间隔。在主题确定之前,应当做好主题定位的前期工作,其中包括市场竞争定位、目标顾客的定位及旅游产品定位,通过整理和分析这些信息,预测主题乐园的发展趋势,通过科学的前期分析确定一个具有良好发展前景

的主题。

（二）激活市场的产品策略

1. 设计合理的主题路线

迪士尼创新营销策略的十个秘密

一条合理游园路线的设计，不仅可以突出主题乐园的特色所在，更重要的是可以使游客能够到达每一个景点，享受到每一个兴奋点与快乐点，同时还可以增加游客在园内的停留时间和消费。对于主题乐园来说，游园路线的规划水平往往代表着主题乐园的层次与水平。因此，主题乐园应当重视游园路线的设计，在设计路线时，应当充分考虑到公园内每个景点的特色以及其整体的协调性，同时也要考虑游客的游览过程中的心理变化和身体感受。

2. 推出彰显主题的参与性强的游园项目

主题乐园的所有项目的设置都应当本着突出主题的原则，公园内的项目和游览景点进行"经典化和系统化"规划，使景点都成为亮点，同时也使所有景点构成一个整体。在规划主题乐园的项目时，还要注重观赏性与参与性的协调与配合。

3. 创造良好的游园环境

良好的游园环境不仅可以提高主题乐园的整体形象，同时也可以增加游客的游园乐趣。

（三）灵活多变的价格策略

1. 降低门票价格，转换利润点

作为主题乐园，应当转换经营思路，转变乐园利润点，在原先票价的基础上适当降低门票价格，并且将门票转变为二次消费的代金券，用于园内游乐项目的消费。通过这种方式来提高游客游园率和重游率，同时也为增加游客园内消费可能性打下良好的基础。同时可以重点开发公园配套游乐项目，如高竞技性、参与性强的娱乐项目、设计并制造主题玩偶等，通过这些形式，不仅能增强游客游园的乐趣，同时也提高了乐园的利润水平。

2. 建立灵活的价格体系

适当降低门票价格，可以说是吸引游客的一种方法。在适当降低票价基础上，制定全新的、有针对性的价格体系则使得这种方法更加有效。这种价格体系是建立在不同的目标消费群体的基础之上，并且结合不同的旅游时间而制定的多种价格并存的价格体系。这种全新价格体系的最大特点在于具有极强的针对性和极大的灵活性，而且诱惑力也非常巨大。

（四）推拉结合的促销策略

1. 间接压迫式终端拉动

终端拉动成功的关键在于两点：第一，找到真正的终端；第二，促销方法对终端具有吸引力。对于我国主题乐园来说，决定其兴衰首要因素便是游客量。因此，作为主题乐园，应当将促销的重点集中在旅行社背后的目标游客上。通过加大对游客的促销力度和优惠幅度，来激发游客的游览需要，从而形成一种需求压力，使旅行社开设相应旅游路线，以此更加广泛地吸引游客。

2. 直面受众的宣传推广

为了达到更好的宣传效果,主题乐园的宣传推广应当把握住最大的传播源。对主题乐园来说,这种关键的媒介主要有两类:第一类是曾经到主题乐园游览的游客,游客的直接感受是最有说服力的宣传内容,因此,主题乐园应当对广大游客在公园内实施有效的体验式营销,以加强游客心中的良好印象,通过游客的正面宣传,增强传播效应;第二类则是流动的宣传站,如汽车、火车和飞机等。

(五)双管齐下的渠道策略

1. 销售代理渠道

对于主题乐园来讲,一般应尽量选择适合自己,同时操作起来又比较直接、简单的代理渠道,以尽量将体验直接且真实地传达给目标消费者,并加快营销流通速度,节省渠道管理成本。

2. 产品直销渠道

对于主题乐园来说,产品直销不仅可以较容易地组建营销机构和渠道,而且可以降低营销成本,提高利润空间,最重要的是对包括营销渠道在内的所有营销政策和过程容易控制,在管理上更便利,更容易监控并保持营销上应该具有的快速反应和灵活性。产品直销渠道模式包括人员直销和网上直销两种方式。

例如,迪士尼注重合作营销,迪士尼的合作伙伴众多,有美国广播公司、可口可乐公司、柯达公司、美国电话电报公司、通用汽车公司、微软以及 eBay 等,正如艾斯纳所说:"好的品牌寻求与其他优秀品牌的合作,两个品牌的联盟能够为相互促进创造大的机会。"例如,迪士尼公司和麦当劳公司之间的合作,前者使用后者的传媒工具,而后者也利用零售渠道也帮助前者进行品牌宣传。

【做中学、学中做】 请归纳总结主题乐园营销策略核心点,填写表7-4。

表7-4 主题乐园营销策略核心点

营销策略核心点	具 体 内 容	典 型 案 例

五、主题乐园常用营销策略

(一)营销策略规划的成功化策略

经过 2005 年之后的大规模兴建后,主题乐园的竞争已呈现出了非常激烈的局面,要想塑造独特形象、建立知名度、吸引更多游客,进而从竞争中脱颖而出,就必须要有完整而独特的营销策略规划。营销策略规划要全面完整,要考虑到主题乐园经营中方方面面的问题。比如淡、旺季的差别——旺季时如何赢得竞争对手,争取更多的市场份额;淡季时应采取什么样的措施,从而减少设备的闲置,增加营业收入;广告宣传媒体的选择要尽量接近消费客群的兴趣取向;营销活动的策划要丰富且独特等;这些都是营销策略规划所应充分考虑的内容。

(二)广告宣传计划完善化策略

广告宣传是营销推广的第一环,几乎所有的主题乐园每年都会做整体的宣传计划,且有相应的广告投资预算。其广告宣传包括主题形象广告片的拍摄、电视广告、报纸广告、电台广告、杂志广告、电视字幕广告、电子看板广告、公交广告和网络广告。在每年的广告计划中,必须对各种广告宣传形式做最有效的组合搭配运用,并对广告宣传的效益做评估、分析,以作为下一年(季)度广告宣传计划的调整依据。需要强调的是,广告宣传计划完成之前,要充分分析主题乐园的目标客户群体。受众最广的媒体不一定是最适合的媒体。因此,要依据不同的活动策划而选择相应的媒体。例如,我们策划了一个暑期学生优惠活动,在选择媒体时,则应该选择学生很容易接触到的媒体,如互联网、青少年电视频道等。

(三)宣传促销资料全面化策略

为了促销和宣传,主题游乐园通常也会印制相应的宣传品,邮寄给潜在客户或是在园区内外挂置。像活动海报、直投杂志、活动竞赛的报名简章、看板制作、园区的POP制作、字幕广告撰文、当日节目表等,都是主题游乐园所要传达的信息或所要塑造的形象、理念传播给消费者和顾客的广告媒介。宣传资料可以渗透到日常经营的每一个环节中。例如,在我们提供的导游图里,基本上包含着主题乐园里所有的游乐项目。这不仅可以帮助游客在游玩的时候对主题乐园有更清晰的了解与认识,还可以被游客带回去起到免费宣传的作用。另外,主题乐园本身的VI视觉传达系统要充分贯穿在整个园区和所有的宣传信息之内,使游客能够处处感受到。

(四)节庆促销活动丰富化策略

节庆促销的手法常见于百货公司、大型商场或大型购物中心。在主题乐园营销上也可引用,因为通常节庆日是全家出游的最好时机。从游客的消费结构来看,门票约占50%,其他的消费同样约占50%,抓住节庆做如商品或门票促销,更能带动门票以外的商品及餐饮的消费。多方面的节庆促销活动必能为主题乐园带来丰厚的收益。做节庆促销活动策划时,我们要依据不同节日,策划特有的节庆游园活动。值得一提的是,各种中西方节日在主题乐园的活动策划中越来越多地被运用,并给这种商业气氛带来了更多的人潮,应受到重视。

(五)淡季折价促销策略

休闲产业,尤其是游乐园型的产业受天气、季节性气候影响有明显的淡旺季之分。主题游乐园在客流量少、设备利用率不高时,可以实行门票打折的策略,以吸引游客上门。游客因门票折价吸引来到主题乐园,花在餐饮、娱乐或购买旅游商品上的消费却不一定会降低。这也是刺激游客消费欲的又一个营销策略。事实证明,淡季门票折价促销策略能够有效缓解淡季营业额降低的状况。

（六）旅行社结合营销策略

主题游乐园与旅行社有着共同的利益基础。主题乐园可以与旅行社的其他旅游景点结合组成经典旅游线路,成为旅行社吸引游客的招牌;旅行社也常会为与之有密切合作的主题乐园带来游客,且这些游客都有较强的消费力。因此,在营销推广上两者应相互结合,共同推进,以达到互惠互利的目的。目前,国内许多主题游乐园已把这项合作营销视为推广营销的重点之一。

（七）营销业务开发策略

虽然主题游乐园和旅行社有联合营销的情况,但也应该打开自己的营销渠道,做好业务的营销及开发。主题乐园是一个具有特色的旅游产品,它可以很容易地做产品的包装或与其他业种业态相结合,使自己的营销业务更加广阔,营销渠道更为畅达。

（八）旅游卡和会员卡推广策略

目前,休闲度假旅游的风气日益兴盛。相关的主题乐园及旅游公司已经开始发行旅游优惠卡。甚至有些主题游乐园或休闲产业也发行自己的会员卡。这些优惠卡或会员卡不仅是流通于市场上的一种无形货币,也是营销推广公司产品的一种宣传媒介。

（九）与其他品牌商品联合营销策略

前面已谈到主题乐园本身若达到一定的规模、特色、品质、形象以后,事实上就已经具备了无形的资产,这就可以考虑和相关行业做联合营销,一起达到双赢、多赢的效果。但需要注意的是,这些结盟商品本身应具有正面的形象,且其形象与游乐园形象能够相得益彰,二者结合后能够起到相互提升和促进的作用,这样联合才会有意义。

【做中学、学中做】 请归纳总结主题乐园常用营销策略,填写表7-5。

表7-5 主题乐园常用营销策略

营 销 策 略	具 体 内 容	典 型 案 例

六、我国主要主题乐园营销案例分析

(一)注重细节,从无到有——常州恐龙主题乐园

长隆主题乐园发展历程

常州这座城市被打下了太多恐龙园的烙印。一提起"常州",人们想到的就会是恐龙园,也正是由于恐龙园的发展,把原本以工业为主的城市,成功开发成以中华恐龙园、环球动漫嬉戏谷、春秋淹城乐园三个特色鲜明主题乐园为核心的常州旅游业。

当然,其中最为大家熟知的就是常州中华恐龙园了。建设伊始,常州恐龙园就确立了"以科普拉动游乐,以游乐促进科普"的主题定位。两个亮点相互呼应提升了乐园的文化内涵并以"打造东方侏罗纪、演绎世界恐龙王国"为经营口号,通过"主题展示+主题游乐+主题演出+主题商品+主题环艺"五个主题的经营模式体现了"主题突显力+文化创新力"的双核心竞争力,走出了一条具有鲜明特色的发展之路。

优秀的主题乐园会让游客忘记真实的世界,置身于主题乐园打造的文化环境中。为此,从设计体验营销的角度而言,常州恐龙园就针对恐龙及科普娱乐的主题将主题文化贯穿全园。大到恐龙馆的建设、鲁布拉游乐项目的建设,都是以恐龙形态为主;小到恐龙园的一草一木,一个小小的景观带都有恐龙造型的点缀让游客仿佛置身于恐龙生活的时代,时刻体验到恐龙园的主题。

常州通过主题乐园,提升了文化旅游产业,构建了集旅游、娱乐、商业、居住于一体的现代多功能新型城区。主题乐园本质上不是一个城市或一个国家的形象工程,但它的建立和发展却有利于提高城市的整体形象。

(二)世界眼光,借势跨界——长隆主题乐园

广东长隆集团,一家从广州成长起来的主题乐园,目前旗下拥有广州长隆旅游度假区和珠海横琴长隆国际海洋度假区两大综合度假项目。从主题乐园的角度来说,广州区有长隆欢乐世界、长隆野生动物世界、长隆水上乐园、长隆国际大马戏和广州鳄鱼公园,珠海区有长隆海洋王国。各大旅游板块联动满足游客"巅峰游乐、亲近动物、品味吃住、时尚运动、合家赏乐"的多元化旅游度假需求,倾力打造一站式旅游休闲度假区,多次刷新中国乃至全球旅游产业标准。

在这个信息轰炸的年代,长隆却总是能不断创造出新的宣传手段吸引游客——世界第一、亚洲第一、东南亚第一、全国第一,这些"第一"都是长隆的营销手段,也造就了游客的心理期待。在消费主义盛行的今天,消费者的首选就是独一无二,所以长隆的每一次高投入都获得了相应的市场认可。就拿 2007 年长隆欢乐世界引进具有"世界过山车之王"之称的垂直过山车来说,投资高达两亿元,全球第二台(仅在英国有一台)的十环过山车,世界最大、亚洲第一台的 U 型滑板等成为国内设备最先进、科技含量最高、游乐设备最多的超级游乐园之一,被媒体喻为"长隆花两亿元为市民购买超级玩具"。长隆水上乐园也汇聚了世界顶尖的水上游乐设备:超级大喇叭滑道、超级巨兽碗、世界上最大的超级造浪

池、世界最大的人工洪水中心"巨洪峡"和亚洲弯道之王的"巨蟒"滑道等,连续多年被评为"全球必去的水上乐园"。2000年,长隆国际大马戏开业,2014年,荣获"面积最大的永久性马戏建筑"吉尼斯世界纪录。

(三)联手动漫,体验科技——芜湖方特主题乐园

芜湖方特动漫主题乐园属于以高科技为核心支撑的第四代主题乐园的典型代表,相较于其他三代主题乐园有着明显的技术优势,是通过多种现代高科技和艺术的完美结合缔造出的一个充满激情和惊喜的梦幻乐园。其形式新颖,内容丰富,在动漫性、科技性、文化性等方面都有其独有的特征。已先后在郑州、青岛、芜湖、株洲、厦门、汕头、泰安、沈阳、天津和重庆等地开设了方特欢乐世界。

方特欢乐世界以动漫文化为主题,通过主题项目区构成了芜湖方特欢乐世界的动漫旅游产品,园区内着力打造动漫文化产业,其创造出的《熊出没》动画片中"熊大""熊二"和"光头强"成了最受游客欢迎的卡通人物。

进入21世纪,市场需求拉动动漫产量持续增长,而随着旅游市场的快速拓宽,旅游产品开发也走上了个性化的发展道路。动漫以其本身所具有的浓厚个性色彩,一经出现便受到了市场的关注和追捧。将动漫业融入旅游业,使其成为一种旅游资源,为旅游业在传统资源的基础上增添了色彩斑斓的一笔,也展现出强大的发展潜力。动漫体验类主题乐园属于体验经济的一种表现形式,也是文化创意产业的一部分。

方特欢乐世界大量运用了高科技,如计算机操控、自动控制、数字模拟与仿真技术等。从研发到设计都是原创,拥有完全的知识产权。在方特开发过程中,2000多人的原创设计队伍,保证了主题乐园项目研发的水准和质量。

(四)传递文化,试水网络——深圳东部华侨城

深圳东部华侨城坐落于我国深圳大梅沙,是国内首个集休闲度假、观光旅游、户外运动、科普教育、生态探险等主题于一体的大型综合性国家生态旅游示范区,主要包括大峡谷生态公园、茶溪谷休闲公园、云海谷、大华兴寺、度假主题酒店群落等板块,体现了人与自然的和谐共处。

表演活动是旅游体验的重要部分,华侨城主题乐园已发展起以大型广场巡游、音乐舞蹈史诗演出为主,辅以景点表演、节庆活动以及影视多媒体技术支持的旅游表演体系。大体上可划分为有演员的演出和依赖媒体技术的视觉表现节目两个大类。对于华侨城来说,最重要和最有优势的旅游表演产品是其经过多年探索、创造、发展和积累起来的荟萃性、晚会式、广场型、音乐和歌舞史诗形式的旅游演艺,这种大型旅游演艺已变成一种独特而专门的演出艺术门类,并构成华侨城主题乐园的品牌意象。

华侨城的旅游演艺在获得巨大商业利润的同时,借助具有半公共产品性质的主题乐园平台,通过游客及其口碑传播了中国各地民族、民俗文化、世界文化、人类历史、传统和现代等文化内容和文化价值。

华侨城的官网在2011年11月进行全面优化改造,实现从展示型站点到营销型站点的成功转变,信息浏览方便,用户体验简洁。东部华侨城官网以独立景点体系区分整体结构概

念清晰明了,突出品牌识别意识,同时也加强了品牌产品宣传。各栏目页风格设计从各景点特色中提取概念元素,在表现形式及结构布局上最大化展示实景特色并提高用户体验感。

可见,一个好的品牌形象是旅游网络营销的基础,网络营销区别于传统营销,深圳东部华侨城在原有资源和能力的基础上进行深度推广和系统提升从而带动旅游营销更高效地实现与发展,实现消费者需求的个性回归。

(五)方特欢乐世界在山西"轰炸式"营销

2016年7月,华强方特首家以授权投资模式进行建设的大同方特欢乐世界正式开业。数据显示,开业百天后,大同方特欢乐世界接待游客已达53万人次,算是一份不错的成绩单。

一方面,为以传统文化旅游为主的大同市,增添"文化"与"科技"结合的旅游体验新形式。另一方面,凭借华强方特强大的技术资源、人才资源,大同方特也必将推动大同文化科技旅游产业,带动大同服务就业、旅游经济、交通运输等多个方面的转型与发展。

方特在选址时主要集中在沿海发达城市、省会城市或直辖市、旅游目的地城市和历史文化名城。这样的选址方法也反映在太原计划项目上,太原作为省会城市却在很长的一段时间内,唯一的游乐场规模不大,未来市场前景相对较好。

【做中学、学中做】 请归纳总结中国主要主题乐园营销案例,填写表7-6。

表7-6 中国主要主题乐园营销案例分析

营销案例	具体内容	优点分析

课中实训

实训项目	以小组为单位,选择附近的主题乐园,调查主题乐园的营销策略,分析被调查主题乐园的营销的现状及其优缺点,能对其主题乐园的营销提出改进意见
实训目标	1. 加深对现代主题乐园的营销的内容的认知; 2. 了解主题乐园的主要营销方式、国内主题乐园现有的营销方式、中国主要主题乐园营销案例; 3. 结合课中学习内容,掌握主题乐园的营销的优化方法
实训地点	
物料准备	相机或者可以摄像的手机、笔记本、笔等
实训过程	1. 被调查主题乐园的营销的内容与方式?

续表

实训过程	2. 被调查主题乐园的营销有哪些特点？ 3. 被调查主题乐园的营销存在哪些问题？ 4. 被调查主题乐园的营销方面可以从哪些方面进行提升？
实训总结	通过完成上述实训项目，你们学到了哪些知识？
实施人员	组长：　　　　　　成员：
实训成绩	实训考勤(20分) 小组组织(20分) 项目质量(60分)
效果点评	

课后拓展

景智联城关于主题乐园营销的几个观点

水上乐园营销
大招盘点

1. 广告宣传联动化

过去主题乐园的广告宣传渠道主要为传统的电视、电台、报纸、公交车站等广告，现如今主题乐园越来越依赖网络营销。对于网络媒体的选择，要注意受众的精准性，主题乐园在进行广告宣传之前，要对各种广告宣传进行有效的组合搭配，形成线上线下媒体的联动效应。

2. 宣传资料创意化

现如今，主题乐园的宣传材料不仅限于一套完整的VI系统、传统宣传单页以及导游手册，主题乐园的宣传资料越来越强调创意。比如实用的免费礼品、时尚轻松的杂志、设计精美的明信片等，这样或因精美实用被游客时常带在身边，或数量稀缺被游客收藏，不仅向游客传达了主题乐园的品牌形象，同时能够起到免费宣传的作用。

3. 节庆促销主题化

节庆是亲子游、家庭游的最好时机,因此节庆营销越来越受到主题乐园的青睐。在节庆期间,主题乐园可以依据不同的节日,策划特定主题节庆活动,尤其是情人节、儿童节等热门节日,可以在周边商品或门票上做促销,促进游客前往消费,为主题乐园带来丰厚的收益。

4. 机构合作常态化

主题乐园可以与旅行社、航空公司、旅游网站、酒店等相关机构进行常态化合作。比如,与铁路局、航空公司等做策略结盟,开发主题旅行;与旅游网站或旅行社等通过门票提成,导游推介等方式使之成为相关机构的主推旅游景区;与酒店、民宿等机构进行组合营销,让顾客在入住酒店的同时获得主题乐园的门票优惠券等,共同推进,互惠互利。

5. 跨界合作品牌化

除了与旅游相关机构的合作,主题乐园还可以与一些知名品牌、时尚品牌、名人进行合作,比如与快消品牌进行联合营销,与设计师、艺术家进行艺术合作,由于这些品牌本身具有良好的形象,能够与乐园品牌相互促进、相得益彰,达到双赢、多赢的效果。

最后,主题乐园的营销策略一定是与时俱进的,只有这样才能保证其不断焕发新的魅力,最终在旅游常青树联盟中屹立不倒。

(资料来源:佚名.景智联城关于主题乐园营销的几个观点[EB/OL]. http://jsi.feng.com/a/20170130/5356555_0.shtml.(2022-08-09)[2022-08-20].)

思考:请调查周边地区主题乐园营销的做法,了解主题乐园营销方法的优势与劣势比较,请思考如何创新主题乐园营销?

项目八

做好主题乐园服务质量的管理

课前导入

常州淹城春秋乐园服务质量管理纪实

主题乐园如何管理？实现什么样的目标？这也许是一个很容易回答的问题，就是利用科学的管理手段，通过提高服务质量，达到品牌的提升，实现主题乐园效益最大化的目标。记者采访了江苏淹城春秋乐园，让我们听到了不一样的答案："我们的管理，就是要创造好的环境，让游客感受至高的尊重，在和谐的环境下享受美好的生活！"乐园常务副总经理一语道出了对乐园管理的精辟见解。他认为，淹城春秋乐园作为一家以古城遗址为背景的主题乐园，要使服务质量得到有效的提升，首先要从环境的改善入手。营造环境就是营造品牌，营造一个清洁、美观、舒适的旅游环境就是良好服务质量的体现，这比增加一组娱乐设备更能让游客舒心。看得出，这位曾经的教育管理领域卓有建树的领导者，正在以务实的精神、别具的魄力，来实施对春秋乐园当下和未来的管理。

景区环境的优劣是景区服务质量最现实、最突出的体现，"为来园观光的游客打造一个赏心悦目的自然绿化环境，要看不到裸露的泥土，巴掌大的也不行，水面无漂浮杂物，绿化灌木平整度不得超过6厘米，需要支撑大树的毛竹全部换为松原木！"乐园常务副总经理用简单务实的语言表示，打造绿色环境，必须高标准、高起点。在园区，记者看到一派忙碌的景象，园区有关部门利用近几天客流量较少时，与园外专业绿化单位相配合分组包干，进行绿化环境的整理：去掉大树上的腐皮枯枝，修理游览道路两边灌木，清除枯萎的枝叶，树木更换支撑，土地覆盖草皮等。据介绍，针对景区绿化不足，公司加大投入，环境整治从园区绿化开始，目前已斥资300万元用于园区环境绿化。

陪同记者参观的乐园企划部专员指着园区内各处设施、标牌介绍，所有的设施设备必须规范化放置，通过环境治理长效机制的落实和问责制度，有效提升景区环境质量。记者亲眼所见，园区内眼所能及之处，井井有条全部整理到位，包括"可回收"和"不可回收"的垃圾箱也统一规定了左右固定位置，排列有序，整洁规范。乐园企划部专员告诉记者，对周边区域的环境卫生，景区采用了"工作区域建筑物周边20米责任区域卫生包干制度"，分片包干责任到部门。一位正在清扫地面，工号为023姓汤的员工告诉记者，这段是自己负责的地面，有脏东西和灰土，就要马上清扫干净。"我们管得很严，我不能乱跑。"该员工笑着说。近一个小时的参观结束后，我们返回原地，再次看到该员工工作的身影。在园区，看着和我们比肩而过的统一着装的员工队列，陈瑞忠向我们介绍，员工上岗、换岗，必须排队进行,这已经形成习惯。"员工的精神风貌、工作状态也应该成为靓丽风景。"

在旅游行业,通常认为游客和员工就是服务和被服务的关系,而在这里,我们感受到了不一样的理念,那就是员工不仅仅是服务提供者,还是快乐的使者,要和游客互动,营造更加广泛宽松的娱乐环境,让员工快乐地提供服务,让游客在与员工平等交流中,享受不一样的快乐。"工作应该是一件很有乐趣的事情,我们要让员工在为游客服务中享受工作乐趣,享受快乐。"

据了解,为了营造快乐宽松的娱乐环境,2012年乐园景区计划在五一、十一、儿童节、教师节、中秋节、重阳节等节假日期间推出以"互动欢乐营造"为目的的主题活动,活动除了提供游乐项目、互动商品外,更重要的是促进景区员工能多和游客互动起来,让游客与景区员工一起享受快乐、营造快乐。

活动要求园区全员或至少60%的园内工作人员参与关注这类活动,工作人员必须变装、变脸、变身、变动作,佩戴特殊装饰、头饰、首饰、彩绘、面具、手持特殊物品,给游客一份惊喜,一起变身、变脸、变装。同鸣喇叭、放气球、迎财神,各服务中心必须有不同招呼语、迎宾送客礼、舞动礼、古礼迎宾、孔子迎宾,让游客玩起来。这些活动,将在园区流动进行,在人潮聚集处开展。

乐园管理者懂得,淹城春秋乐园服务质量进一步提升,乐园管理更加规范有序,符合人性化的管理制度必不可少,为此从前一年年底就开始着手制定了园区员工"月考核"制度条例,并于今年1月开始公布试行。新的"月考核"以"计点"的方式进行,合格的加点,反之扣点,月底统一考评,从2月起正式实施。为了保障新的考核制度的实施,公司加强了多层次、多元化督察。有"明察",也有"暗访"。"明察"主要以是总经理、副总经理、总监、各部门经理和人事培训管理组成的条、块线路为主体的内部督察体系;"暗访"则是聘用专门人员,以游客的身份,采用特种手段获取信息。据介绍,乐园正式聘用3名暗访者正逐步到位,将全方位展开服务质量暗访巡查;"技防"就是要加强园区监控设备的整修与维护;所有的考察记录全部在规定的时间和地点交由管理中心汇总,报总经理点评后,落实到位。值得强调的是,当天的问题,责任管理人员必须现场研究,当天处理,有答复有结果,落到实处,这是最难做的,也是必须做的。

优质服务来源于优秀的员工,只有快乐的员工才能提供优质的服务,这已经成为乐园管理者的共识,在"月考核"办法的制定过程中,乐园管理者充分遵循了"有奖有罚,奖罚分明"的原则,避免消极地自上而下"单线"考核,乐园为此拨出400万元作为奖励基金,以增强激励的力度。

服务质量的提升,需要有完善的规章制度作保障,而打造和谐的团队,以人为本注重人性化管理是主题乐园发展的基础。

据悉,2011年江苏淹城春秋乐园全年共接待游客170多万人次,对于一家开业仅一年多的主题景观乐园来说,管理者交出的是一份靓丽的成绩单。2012年1月9日,江苏省质量技术监督局特别授予常州淹城乐园"江苏名牌主题乐园"荣誉称号,这是乐园所在区域服务性行业中唯一一家获得此项殊荣的主题乐园。2011年度淹城春秋乐园共有13名明星员工,74名优秀员工和22名优秀管理者受到了表彰,他们将获得荣誉证书和500～2000元的不等奖金。优良的服务质量无疑为此写下了浓墨重彩的一笔。常州春秋乐园,我们期待着更加出彩的日子。

(资料来源:姚宁安.常州淹城春秋乐园服务质量管理纪实[EB/OL].http://www.360doc.com/content/12/0817/23/10580899_230776686.shtml.(2012-08-17)[2022-08-25].)

本案例中常州淹城春秋乐园服务质量管理的经验对其他主题乐园有什么借鉴意义?

课前导入任务单

任务名称	做好主题乐园服务质量的管理	时间		班级	
成员名单					
任务要求	从现象方面能初步对主题乐园服务质量有所认知				

1. 查阅常州淹城春秋乐园服务质量管理相关材料,请描述常州淹城春秋乐园服务质量管理的哪些方面让您印象深刻?

2. 常州淹城春秋乐园服务质量管理有哪些特点?

3. 通过常州淹城春秋乐园服务质量管理的案例,请思考我国在发展具有中国特色的主题乐园服务质量管理方面有哪些值得借鉴的地方?

4. 请写出你所知道的主题乐园服务质量管理的好的案例。

完成效果自评	优秀	良好	合格	不合格
成员姓名				

课中学习

主题乐园的服务质量具有非常的内涵,在日益激烈的竞争中应该综合考虑各种因素,对主题乐园的服务质量进行全面提升。

一、主题乐园服务质量的影响

(一)主题乐园服务质量的总目标

服务质量总目标是质量管理的总方向。通过提高服务质量,来增强主题乐园软实力;严格质量管理,用优质服务提升主题乐园核心竞争力,实现主题乐园品牌效应,促进主题乐园长远发展。

(二)主题乐园服务质量的构成要素

服务质量构成要素由硬件质量和软件质量构成,包括服务设施和设备质量、服务用品质量、实物产品质量、服务环境质量、劳务活动质量等内容,构成主题乐园服务质量要素的硬件质量和软件质量是相互作用、相互影响和相辅相成的,最终通过游客满意度表现出来。

(三)主题乐园服务质量的"六字方针"

主题乐园服务质量的"六字方针"是:态度、细节、养成。

态度是服务质量的根本,是员工意识体现和做好服务的基础。

细节体现服务质量的规范化及其标准程度。

养成突出服务的个性化,实现从个性到共性服务特征的转变。

主题乐园服务质量的三个层级:粗放型、标准型和精细型。三个层级是服务质量发展的三个不同阶段和层次。

粗放型:没按 A 级主题乐园评定标准打造和运营,服务粗糙,质量低。

标准型:按 A 级主题乐园配套相应设施,服务质量符合标准,质量好。

精细型:服务从标准到精细转变,服务过程体现人性化特点,质量高。

【做中学、学中做】请归纳总结主题乐园服务质量的影响,填写表 8-1。

表 8-1 主题乐园服务质量的影响

服务质量的影响	详 细 解 释

主题乐园的服务质量,是硬件与软件的综合载体,做好主题乐园服务与质量管理工作就显得尤其重要。

二、主题乐园优质服务的特点

(一)主题乐园优质服务的两大指标

1. 游客满意度高

优质服务主题乐园游客满意度率,应当达到 90% 以上。

2. 游客投诉率低

优质服务主题乐园游客有效投诉率,应当控制在游客量的五万分之一以内。

(二)主题乐园优质服务的内控指标

主题乐园标准(ISO)覆盖率100%:主题乐园标准(QB+)通过认证,成为岗位执行标准,应当实现岗位全覆盖。

岗位规范化程度达标率90%:服务岗位的流程规范、用语规范和服务动作规范,其规范化程度达到优秀。

服务质量问题处理率100%:岗位服务实现:服务过程跟踪检查,服务效果管控到位,质量问题妥善处理。

(三)主题乐园优质服务的四个表现

一个中心:就是"以真心为游客服务"为中心。
两个标准:就是要"服务动作标准、游客用语标准"。
三个主动:就是体现"主动微笑、主动问候和主动服务"。
四个行动:就是"文明礼仪、爱心关怀、排忧解难和解决问题"。

【做中学、学中做】 请归纳总结主题乐园优质服务特点,填写表8-2。

表8-2 主题乐园优质服务的特点

优质服务的特点	详 细 解 释

三、质量管理营造优质服务环境

主题乐园优质服务是主题乐园服务优质环境的结果,服务人员素养是构成主题乐园优质服务的先决条件。

主题乐园质量管理是提升员工素养和营造服务环境的重要手段;在一定程度上看,没有质量管理,就没有主题乐园的优质服务。

综上所述,主题乐园的服务质量主要体现在服务创造的价值,并由此而满足游客需要的物质满足程度与相应的心理满足感受程度。通常所说的主题乐园服务质量的内容主要包括两个方面,即有形旅游服务产品的质量与无形旅游服务产品的质量。而旅游无形产品的质量通常是在有形产品的基础上通过具体的服务劳动来创造,而且是游览服务质量的最为本质的体现,那么我们又该如何管理主题乐园质量呢?

四、主题乐园质量管理的整体思路

(一)质量管理要解决的首要问题

质量管理要解决的首要问题,就是区分"不能做"和"不愿做"。不能做,是不知道要做什么,或不知道标准是什么;不愿做,是其想做的话,可以把工作做好。措施就是改变奖惩和激励机制。

(二)建立质量管理标准体系

1. 质量管理过程

质量管理是一个动态的过程,路径是"质量计划→质量标准→质量检查→质量改进→质量效果"。质量管理过程,也是一个不断改进和完善的过程。根据年度服务质量要求,制订质量提升计划;制定服务质量标准,制定服务标准的执行依据;对照服务质量进行质量改进,质量达到一定阶段后,需要重新对标准进行修订,这是服务标准不断提升的过程;对照质量标准检查进行改进,纠正质量实施过程中的偏差,定期对主题乐园设施设备等硬件进行检查,以及注重服务细节等软件涉及的全面性;质量管理最终目标,是实现优质的服务效果。

2. 建立质量管理体系过程

建立质量管理体系的过程如下:制定标准→质量评估→优化标准→质量再评估→服务精细化。建立质量管理过程是不断深化的过程。服务质量标准是质量管理的基础和依据,制定服务标准,才能保证服务质量;实施质量评估,实现服务现状的整体把控,重点基础设施和影响游客的范畴;优化标准是不断提升和完善的过程,重复进行质量状况评估;质量管理的终极目标,是实现服务质量精细化管理;服务质量精细化,是靠质量整体素养提升来支撑,并依靠精细化服务的整体环境来实现。

3. 质量管理标准化要求

(1)员工职业化。通过质量管理,促进员工在合适的时间、地点、方式,说合适的话和做合适的事,素养、行为和技能体现职业规范。

(2)改进持续化。服务状态不断改进、服务设施配套合理,达到质量标准,及时纠正不足,达到和超越标准。

(3)流程规范化。服务在过程中表现,表达的是一种状态,按标准落实整个服务过程的规范性。

(4)服务精细化。服务细节的精益求精,细节更细,提炼成"精",实现服务的高质量状态。

(5)管理系统化。对质量管理进行全方位把控,范围整体性,做到方法、措施、效果管控,让服务处在管理范围内。

4. 质量管理基本职能

1）监控服务过程

质量管理的重点是服务过程,员工服务游客主要体现在服务过程上,服务过程也是游客感受服务质量的基本环节,质量管理重点就是对服务过程的监管。

2）监管质量体系

质量管理全方位的监管,包括服务语言、服务行为和服务结果及其影响,通过培训、考核、奖惩等手段,着重服务设施建设和服务环境的营造,实现质量整体达标,促进质量改进。

3）监测服务标准

对照岗位服务标准,监督服务的执行情况,纠正服务游客过程中存在的不足,服务设施设备需要达到合规状态,应对执行标准做好检查和监测记录,作为服务质量评估的依据,也作为质量考评的依据。

4）检验服务结果

质量管理目的是实现优质服务效果,跟进服务结果的办法就是落实游客满意度调查,主题乐园自行组织调查,以自查和行业部门委托第三方调查结果相结合,了解服务效果的真实状况。

【做中学、学中做】 请归纳总结主题乐园质量管理的整体思路,填写表8-3。

表8-3 主题乐园质量管理的整体思路

整 体 思 路	详 细 解 释

五、严格把控主题乐园的质量管理

（一）提升主题乐园服务质量,管理者是关键

1. 提高管理者素养

善于分析质量管理问题,乐于学习质量管理知识,具有质量管理创新意识,以及抓好质量管理的管理标准和质量标准的专业素养;重素养,重应用。素养就是要言传身教、修身立人,用实际行动影响周边的人,管理者对员工起到良好的引导作用;管理者的素养比能力更重要,素养高更能做好质量管理工作,且管理者素养影响服务人员;能力是工作方法问题,素养是工作态度问题。

2. 质量管理的最终落脚点

质量管理的最终落脚点是管理人员以身作则。主题乐园质量管理,靠管理人员执行来保障。质量管理执行结果怎样,根本上取决于管理人员执行的管理效果。管理人员在

质量管理中,发挥表率作用、引导作用和监督作用。

(二)抓质量管理措施

1. 抓质量管理的关键

在主题乐园服务质量中,职工的服务态度是关键,有什么样的服务态度,就决定了怎样的服务质量。提升职工的服务意识,就必须在服务人员的服务态度上多下功夫,通过塑造职工"三感",即使命感、责任感和荣誉感,促进职工把个人目标与团队整体目标统一起来,自觉完善自己、努力提升服务质量。

2. 质量管理的重要手段

规范化的服务标准应当建立规范化的考核体系。通过质量管理的考核手段,与职工利益结合起来,质量管理才能收到明显的效果。在一定程度上讲,没有考核,服务质量就没有保障,质量管理也就是一句空话。

(三)质量管理的有效途径

1. 重细节

质量管理体现在服务的具体细节和员工的日常养成两个方面,并作为实现服务质量效果的重要途径。

2. 抓养成

细节和养成是服务质量的"两个抓手",二者相互促进、相得益彰。

(四)抓质量管理管控

1. 组织明察

管理者要不间断地对服务进行明察、记录,现场纠正问题,提升现场服务效果。对于迪士尼的督导主管而言,整个乐园就是办公室,所有小组的主管70%～80%的上班时间都是在乐园区内走动,目的不是监督一线员工,而是观察游人的反应,收集有利于改善经营的信息。

2. 落实暗访

应当每月组织1～2次暗访调查,明确目标和任务,有详尽的调查资料或报告。

3. 现场处理

注重游客意见的收集、满意度调查、投诉处理及反馈投诉结果,改进服务工作。

4. 质量改进

注重原始记录,以月、季为单位进行质量评估,制定本单位服务质量的改进措施。

5. 兑现奖惩

制定完善的质量考核体系,并以质量考核为标准进行综合评分,严格奖惩。

(五)质量管理执行力要求

服务标准靠执行力来保障。服务质量的执行力,从而形成主题乐园核心竞争力。让服务质量折扣者承担责任。上下齐心,来推动质量管理的执行。

【做中学、学中做】 请归纳总结严格把控主题乐园的质量管理的方式方法,填写表8-4。

表8-4 严格把控主题乐园的质量管理的方式方法

整 体 思 路	详 细 解 释

课中实训

实训项目	以小组为单位,选择附近的主题乐园,调查服务质量现状,分析其优点与存在的问题,能对其服务质量提出改进意见
实训目标	1. 加深对主题乐园服务质量的认知; 2. 了解主题乐园优质服务特点、质量管理营造优质服务环境; 3. 结合课中学习内容,掌握严格把控主题乐园的质量管理的优化方法
实训地点	
物料准备	相机或者智能手机、笔记本、笔等
实训过程	1. 被调查主题乐园服务质量现状? 2. 被调查主题乐园服务质量有哪些特点? 3. 被调查主题乐园服务质量存在哪些问题?

续表

实训过程	4.被调查主题乐园服务质量可以从哪些方面进行提升？
实训总结	通过完成上述实训项目，你们学到了哪些知识？
实施人员	组长：　　　　　　　　成员：
实训成绩	实训考勤（20分） 小组组织（20分） 项目质量（60分）
效果点评	

课后拓展

迪士尼形成了一种顾客服务质量管理理论

迪士尼服务运作及管理

当你走近位于佛罗里达州奥兰多市迪士尼世界的梦幻世界时，单轨铁路上的录音会宣布你即将到达一个"神奇的地方"，而该地方将会牵动你年轻的心。进入园区之后，你的周围的确充满神奇，除了美丽的花床、干净的地板、洁白的建筑物之外，如果你够幸运的话，还可以与米老鼠、高飞狗、跳跳虎或维尼熊亲密接触。接着，你会很容易相信神话中的"神奇的地方"确实存在。但是，真实的梦幻世界到底是什么呢？实际上，它是一个构思细致、执行巧妙的戏剧化产品。它对细节的关注非同寻常，在园区发生的每一件事，从迪士尼人物与小朋友的互动到游客在园区里的移动线路，都是精心策划的。例如，如果你站在睡美人城堡的底部向后看园区的入口，将会发现当游客离开主要街道，进入观光区时，引导他们向左或向右的人行道稍有不同。向右的人行道比向左的人行道稍微宽些。为什么？总结多年的经验，迪士尼发现人们先天较偏好向右拐而非向左拐，所以它将右边的人行道建造的宽一些，以便很好地解决早晨拥挤问题。类似地，你会发现人行道被设计为蛇形，而非直线。迪士尼认为蛇形的人行道会让人感觉路程较短一些，因此它们通过缩短路线的感知长度来提高顾客满意度。由此可知，迪士尼已形成了游客在梦幻世界和其他园区里的"行为理论"。因此，公司便能预测游客将会在园区内如何活动、如何排队以及对不同状况如何反应。这些经验提高了迪士尼提供高水平顾客服务的能力。正因为迪士尼知道该做什么，所以它可使游客队伍的移动较为平顺、游客较容易坐、游乐器、标识简单而清楚，且纪念品店在它们该在的地方。这并不是魔术，而是依据迪士尼对游客行为的预测所精心执行的顾客服务管理。有时迪士尼对游客的了解近乎狂热。例如,在主题乐园中大部分的饮水机一高一低成对出现,以便同时服务于父母和孩子,且喷水口是相对的,以便父母与孩子同时喝水时,父母可以看着孩子,而不是背对着孩子,这种方式使父母和孩子都有安全感,并且可互相分享饮水所带来的乐趣。除了了解游客的行为模式外,迪士尼也通过为优良质量创造条件来提升其顾客服务质量。例如,从梦幻世界穿过七海礁湖 Seven Seas Lagoon 的波利尼西亚旅馆时,你可以听见在旅馆主要泳池水下所演奏的夏威夷音乐。在荒野旅馆,你可以看到满地的松针,而附近并没有松针,这些松针是由迪士尼的员工定期运来撒到地上的。顾客服务和客户关系的其他方面也同样让人惊讶。梦幻世界可以说是将理论作为质量管理基础的范例。通过形成自己的顾客和相关活动理论,像迪士尼一样的公司将有能力提升其产品和服务质量。

(资料来源:托马斯·福斯特.质量管理集成的方法[M].何桢,译.2版.北京:中国人民大学出版社,2006.)

思考:

(1)迪士尼对预期顾客行为的专注是否适中,或者说公司在这方面是否花费了太多的努力?请说明你的理由。

(2)形成一种顾客在主题乐园或其他地方的行为模式"理论"是否适当?如果是,请说明你的理由。

(3)请回想一下以前你参观的主题乐园。是否达到了你对它的期望?你能感觉到该主题乐园的经营者在预期其顾客的行为吗?如果有,试举例说明。

(4)请调查迪士尼顾客服务质量管理的效果,了解迪士尼顾客服务质量管理会受到旅游者的欢迎,请思考如何提升服务质量?

项目九

提高主题乐园的财务管理水平

课前导入

迪士尼的财务管理之道

1996年迪士尼公司以190亿美元巨资收购了美国广播公司ABC,分别进行了93.7亿美元的长期债务融资和94.4亿美元的股权融资。收购成功后,1996年的公司收入达190亿美元。之后,迪士尼公司在有线电视领域迅速发展,目前旗下已拥有的著名ESPN体育频道、迪士尼频道、"A&E"和"生活时代"等。这一不同凡响的兼并事件,被称为美国历史上第二大公司兼并。虽然迪士尼在融资收购这条路上走得风生水起,但是它也曾付出过损失金钱的代价。1998年,迪士尼购买了Infoseek搜索引擎并建立起了Go.com,那时互联网还没有像现在这样普及和广泛,同时他一起买下ESPN的互联网部分Espn.com,并宣布开展互联网业务,目标是通过Infoseek为基础建立自己的门户网站来和Yahoo及AOL竞争。但该公司在第一年亏损9.91亿美元,第二年亏损10亿美元,资金黑洞越来越大,而业界地位却与那两位竞争对手不可同日而语。2000年,迪士尼放弃了这一宏图,将该网站定位在娱乐和休闲网站上,以与竞争对手有所区别,并希望借卡通人物吸引儿童、青少年上网。尽管Go.com一度是位居Yahoo、MSN和AOL之后的美国第四大门户网站,但始终未达到迪士尼公司的期望值,最终在2001年关门大吉。Go.com的最终失败是迪士尼互联网业务崩溃的起点。2001年,迪士尼发布电影及电视方面消息的MrshowSiz.com和音乐网站WallofSound.com也相继倒闭。这几次的互联网上的失败虽然给迪士尼带来不少损失,但是丝毫没有削弱迪士尼对于互联网的渴望,之后迪士尼又花了5.63亿美元收购了社交游戏巨头之一Playdom公司。与其说是迪士尼对于动漫游戏的一贯热衷,不如说是其对互联网全触角整合,全新转型的开始。继1998年的收购之后,2001年1月23日,迪士尼公司以53亿美元资金,包括30亿美元现金外加承担23亿美元的债务,收购新闻集团和塞班娱乐公司拥有的福克斯家庭全球公司。该公司的"福克斯家庭娱乐频道"经营了20年,以儿童节目为主。加入迪士尼后,福克斯频道将改名为"ABC家庭频道"。这次并购对迪士尼来说战略意义重大。买入福克斯频道,使迪士尼获得了新的有线电视频道,这更加有助于迪士尼通过有线电视将它的节目向全球推广。福克斯家庭娱乐频道在美国有8100万用户。同时,这笔交易使迪士尼获得了"欧洲福克斯儿童频道"76%的股权,而这个频道有2400万个家庭收看。总体上迪士尼公司可以增加1亿以上的新观众。除此之外,迪士尼还获得了福克斯公司的节目库,此库收藏了约6200个时长为半小时左右的儿童节目。迪士尼公司的官员说,收购福克斯将使公司在两年内通过传媒网络增加收入。这次的收购让迪士尼获利颇多,从此为迪士尼的多元化发展奠定了基础,提供了优越的条件。从上述数据来看,使用53亿美元收购"福克斯频道"使之前收购美国广播公司ABC显得有些"奢侈",但是在迪士尼收购之后,ABC广播公司及大名鼎鼎的ESPN给他带来了更多的收益。

因为迪士尼的盈利状况良好,从股东财富最大化的角度,降低债务比率可以使更多的收益留存在股东手中。在这里值得一提的是,迪士尼公司虽然大规模地融资,却始终保持着一个稳定的债务比率。这使其既有效地留存了股东收益、减少债务人对公司自由现金流投资的约束,又可以享受到债务的税盾效应,尤其在大规模并购中,使投资风险在债务人和股东之间得到了分散,保护了股东的权益。

迪士尼公司的融资行为是为其投资项目服务的。所谓融资和投资的匹配,总的来说体现在两个方面:融资总额匹配——融资总额要与项目投资所需的资金总额匹配;融资时间匹配——融资时间要与项目进行的时间一致。先从投资方面来看,主题乐园的投资行为可以分为两种。

1. 日常性投资

日常性投资主要用于两个方面:追加净营运资本和进行常规的固定资产追加投资。对于迪士尼来说,在过去10年中,公司的经营业绩良好,现金流充裕,因此这两项投资基本上可以用当年的经营现金流来支出,不需要外部融资。

2. 战略性投资

迪士尼公司的战略性投资在最近10年体现为两次重要的并购行动。第一次是前文提到的1996年迪士尼公司斥190亿美元巨资收购美国ABC广播电视网,这次使它一跃成为世界第二大媒介和娱乐产业集团,可以视为其融资扩张策略的经典之笔。第二次是2001年,迪士尼又斥资53亿美元收购了福克斯家庭全球公司,将其并入ABC家庭,从而更加壮大了自己的实力。

第一次并购为了筹集并购所需的巨额资金,迪士尼公司从两条渠道入手,分别进行了93.7亿美元的长期债务融资和94.4亿美元的股权融资,融资总额高达188亿美元,而并购所需要支付的资金为190亿美元。可见,迪士尼公司的融资计划与并购需求在金额上相当匹配,在融资的时间安排上也非常吻合。

第二次并购不仅在战略上是成功的,在财务上也是可以接受的。迪士尼53亿美元的出价包括30亿美元现金外加承担23亿美元的债务,在2001—2002两个会计年度支付。在公司的财务报表上我们看到,公司为了准备这次并购,在2000年大幅度削减了23亿美元的长期债务,将2000年的债务比率降至22.4%,为公司近10年来的最低水平。2001年为了支付并购费用,迪士尼重新进行了20亿美元的债务融资,负债比率重新上升至28.3%。而2002年,公司再度通过长期债务融资,将长期债总额从95亿美元增加到了150亿美元,总融资额55亿美元,同并购需求吻合。

迪士尼在迈克尔艾斯纳长达18年的经营中,其经营理念一直坚持着融资扩张策略和业务集中策略并重。这两种经营战略相辅相成,一方面保证了迪士尼公司业务的不断扩张,创造了连续十数年的高速增长;另一方面确保新业务与公司原有资源的整合,同时起到不断的削减公司运行成本的作用。归根结底,这两项策略与"股东财富最大化"原则符合得很好。

通过迪士尼公司的融资案例分析,我们可以得出一些启发。

首先,上市公司的经营必须本着符合本主题乐园财务管理目标的原则进行。在此原则下,公司的一切投资决策,必须与公司的战略发展密切相关,必须满足公司发展的战略需要。迪士尼公司的两次战略性并购行为,都是与迪士尼公司多媒体集团的战略定位相关的,都是能够满足公司在有线电视领域发展的迫切需要的。

其次,公司的融资行为是为投资需求服务的,从维护股东权益的角度,必须严格控制融资额的走向,应确保按时按量地用到了需要投资的项目上。同时,在面临金额较大的收购时,先改善公司的债务结构再进行收购可以使公司进行更低成本的、更加有效率的融资。

(资料来源:佚名. 迪士尼的财务管理之道[EB/OL]. https://www.docin.com/p-800987670.html. (2014-04-27)[2020-09-01].)

本案例中迪士尼的财务管理有何过人之处?如何在经济效益和快速发展之间找到合适的平衡路径?

课前导入任务单

任务名称	提高主题乐园的财务管理水平	时间		班级	
成员名单					
任务要求	从现象方面能初步对主题乐园财务管理有所认知				

1. 查阅迪士尼的财务管理相关材料,请描述迪士尼的财务管理的哪些方面让你印象深刻?

2. 迪士尼的财务管理有哪些特点?

3. 通过迪士尼的财务管理的案例,请思考我国在发展具有中国特色的主题乐园财务管理方面有哪些值得借鉴的地方?

4. 请写出你所知道的主题乐园财务管理的经验之谈。

完成效果自评	优秀	良好	合格	不合格
成员姓名				

课中学习

一、主题乐园财务管理的定义

主题乐园财务管理概述

主题乐园财务管理是利用货币形式对主题乐园内的财务活动进行组织、指挥、监督、调节的一项综合性管理工作。主题乐园财务管理（financial management）是在一定的整体目标下，关于主题乐园资产的购置（投资）、资本的融通（筹资）和经营中现金流量（营运资金）以及回收、分配等方面工作的管理。主题乐园财务管理是主题乐园管理的一个组成部分，它是根据资金运转规律，按照国家有关政策、法令、规章制度，按照财务管理的原则，组织主题乐园财务活动，处理主题乐园财务关系的一项经济管理工作。

二、主题乐园财务管理的目标

主题乐园财务管理目标与主题乐园经营管理总目标一致，并受其制约。主题乐园财务管理目标包括经营目标和社会目标。主题乐园财务管理目标是主题乐园财务管理活动所预期实现的结果。它是评价主题乐园理财活动是否合理有效的基本标准，是主题乐园财务管理工作的行为导向，是财务人员工作实践的出发点和归宿。财务管理目标制约着财务工作运行的基本特征和发展方向。不同的财务管理目标，会产生不同的财务管理运行机制。主题乐园财务管理目标主要体现在以下三个方面。

（一）利润最大化

主题乐园从事生产或出售商品的目的是赚取利润。如果总收益大于总成本，就会有剩余，这个剩余就是利润。值得注意的是，这里讲的利润，不包括正常利润，正常利润包括在总成本中，这里讲的利润是指超额利润。如果总收益等于总成本，主题乐园不亏不赚，只获得正常利润；如果总收益小于总成本，主题乐园便要发生亏损。

主题乐园从事生产或出售商品不仅要求获取利润，而且要求获取最大利润，主题乐园利润最大化原则就是产量的边际收益等于边际成本的原则。边际收益是最后增加一单位销售量所增加的收益，边际成本是最后增加一单位产量所增加的成本。如果最后增加一单位产量的边际收益大于边际成本，就意味着增加产量可以增加总利润，于是主题乐园会继续增加产量，以实现最大利润目标。如果最后增加一单位产量的边际收益小于边际成本，那就意味着增加产量不仅不能增加利润，反而会发生亏损，这时主题乐园为了实现最大利润目标，就不会增加产量而会减少产量。只有在边际收益等于边际成本时，主题乐园的总利润才能达到极大值。所以 $MR=MC$ 成为利润极大化的条件，这一利润极大化条件适用于所有类型的市场结构。

（二）股东财富最大化

股东财富最大化是指通过财务上的合理经营，为股东带来最多的财富。持这种观点的学者认为，股东创办主题乐园的目的是增加财富。他们是主题乐园的所有者，是主题乐园资本的提供者,其投资的价值在于它能给所有者带来未来报酬,包括获得股利和出售股权获取现金。

(三) 主题乐园价值最大化

主题乐园价值最大化是指通过主题乐园财务上的合理经营,采用最优的财务政策,充分考虑资金的时间价值和风险与报酬的关系,在保证主题乐园长期稳定发展的基础上,使主题乐园总价值达到最大。其基本思想是将主题乐园的长期稳定发展摆在首位,强调在主题乐园价值增长中满足各方利益关系。

【做中学、学中做】 请归纳总结主题乐园财务管理目标,填写表9-1。

表9-1 主题乐园财务管理目标

财务管理目标	详 细 描 述

三、主题乐园财务管理的内容

财务管理对一个主题乐园来讲是很重要的,财务管理追求的不是账面利润的最大化,而是主题乐园价值的最大化。财务管理不能简单地强调降低成本、费用和支出,而是应该顺应主题乐园的发展得到更好的效果,以财务管理为中心不是忽视和否定主题乐园其他管理工作的作用,而是应该和其他的部门紧密结合起来,使主题乐园达到效益的最大化。财务管理不只是财务部门的事,财务管理的基本内容包括资金的筹集、投放、营运和财务分配等方面。

(一) 资金筹集

资金筹集既是主题乐园从事生产经营活动的前提,又是主题乐园财务活动中的首要环节和工作基础,旨在从有关渠道,采用适当方式,及时、足额地筹集到主题乐园所需要的一定质量和数量的资金。其具体包括两层含义:一是内涵的相对筹集,主要指在各财务主体资金总量规模既定的情况下,通过结构调整、潜能发掘和效率提高而实现的资金内涵数量的相对增加;二是外延的绝对筹集,它呈现为资金外延数量规模随业务量的增加而不断扩张的趋势特征。

(二) 资金投放

投资是筹资的归宿。资金投放是以财务目标为依托,又进一步成为实现财务目标的手段和保证。资金投放是指主题乐园将从有关渠道筹集到的资金投入生产经营活动或其他经济活动的过程。在资金投放上,可将资产对外投放,也可将资产对内投放。对外投放包括短期投资及长期投资,对内投放包括主题乐园营业活动、购建资产等。资金投放关系到主题乐园生产经营活动的规模、主题乐园资源的配置、主题乐园潜在经济效益的实现。

（三）资金营运

资金营运是指主题乐园对通过资金投放所形成的各项资金进行管理及有效调度。它最能显示主题乐园财务管理水平的高低，应力争资金营运的安全性、流通性与收益性的协调统一。

（四）财务分配

主题乐园资金运行系统的直接运行目的在于获取收益，并对其进行合理分配。财务分配存在狭义和广义之分。广义的财务分配包括对投资收入（如营业收入）的分配（如缴纳营业税）以及对利润进行的分割和分配。狭义的财务分配单指利润分配或股利分配。财务分配，尤其是利润分配或股利分配，是资金一次周转活动的终点，同时，又是下一次资金周转活动的起点，起着两次资金循环连接的中介作用。

【做中学、学中做】 请归纳总结主题乐园财务管理内容，填写表9-2。

表 9-2 主题乐园财务管理内容

财务管理内容	详 细 描 述

四、主题乐园财务管理的原则

主题乐园财务管理原则包括风险收益的权衡——对额外的风险需要有额外的收益进行补偿；货币的时间价值——今天的一元钱比未来的一元钱更值钱；价值的衡量要考虑的是现金而不是利润；增量现金流——只有增量是相关的；在竞争市场上没有利润特别高的项目；有效的资本市场——市场是灵敏的，价格是合理的；代理问题——管理人员与所有者的利益不一致；纳税影响业务决策；风险分为不同的类别——有些可以通过分散化消除，有些则否；道德行为就是要做正确的事情，而在金融业中处处存在着道德困惑。

五、主题乐园财务管理的方法

主题乐园为了有效地组织、指挥、监督和控制财务活动，并处理好因财务活动而发生的各种经济关系，需要运用一系列科学的财务管理方法，它通常包括财务预测、财务决策、财务预算、财务控制、财务分析等方法，这些相互配合、相互联系的方法构成了一个完整的财务管理方法体系。

（一）财务预测

财务预测是指根据活动的历史资料，考虑现实的条件和今后的要求，对主题乐园未来时期的财务收支活动进行全面的分析,并作出不同的预计和推断的过程。它是财务管理的基础。财务预测的主要内容有筹资预测、投资收益预测、成本预测、收入预测和利润预测等。财务预测所采用的具体方法主要有属于定性预测的判断分析法和属于定量预测的时间序列法、因果分析法和税率分析法等。

(二) 财务决策

财务决策是指在财务预测的基础上,对不同方案的财务数据进行分析比较,全面权衡利弊,从中选择最优方案的过程。财务决策是财务管理的核心。财务决策的主要内容有筹资决策、投资决策、成本费用决策、收入决策和利润决策等。财务决策所采用的具体方法主要有概率决策法、平均报酬率法、净现值法、现值指数法和内含报酬率法等。

(三) 财务预算

财务预算是指以财务决策的结果为依据,对主题乐园生产经营活动的各个方面进行规划的过程。它是组织和控制主题乐园财务活动的依据。财务预算的主要内容有筹资预算、投资预算、成本费用预算、销售收入预算和利润预算等。财务预算所采用的具体方法主要有平衡法、定率法、定额法、比例法、弹性计划法和前期实绩推算法等。

(四) 财务控制

财务控制是指以财务预算和财务制度为依据,对财务活动脱离规定目标的偏差实施干预和校正的过程。通过财务控制以确保财务预算的完成。财务控制的内容主要有筹资控制、投资控制、货币资金收支控制、成本费用控制和利润控制。财务控制所采用的具体方法主要有计划控制法、制度控制法、定额控制法等。

(五) 财务分析

财务分析是指以会计信息和财务预算为依据,对一定时期的财务活动过程及其结果进行分析和评价的过程。财务分析是财务管理的重要步骤和方法,通过财务分析,可以掌握财务活动的规律,为以后进行财务预测和制定财务预算提供资料。财务分析的内容主要有偿债能力分析、营运能力分析、获利能力分析和综合财务分析等。财务分析所采用的具体方法有比较分析法、比率分析法、平衡分析法、因素分析法等。

【做中学、学中做】 请归纳总结主题乐园财务管理原则,填写表 9-3。

表 9-3 主题乐园财务管理原则

财务管理原则	详 细 描 述

六、主题乐园的财务风险

(一) 不可规避的风险

首先,旅游产品相对于其他产品来说具有明确的季节性特点,很多风景名胜主题乐园,都是由季节决定其是否是旅游旺季,正是因为这种波动性,建设期较长,资金回收期较长,在这一期间市场供求的变化是无法预料的,而游客的需求结构和主题乐园供给数量都是难以准确预测的,由此决定了主题乐园建设过程中面临不可规避的系统性风险。

其次,主题乐园也会受到经济环境的影响,如国家的宏观经济政策、各种对主题乐园是否有益的措施都会对主题乐园产生一定的影响。如北京举办奥运会、上海举办世博会必然会为奥运场馆和世博场馆带来巨大的经济效益。此外,主题乐园会受到自然环境的影响,如地震、海啸等都对当地的旅游业造成了巨大的负面影响。

(二) 可规避和控制的风险

对于主题乐园而言,还有一类财务风险是可以规避和控制的。这类风险主要包括一些宏观经济风险和投融资风险。如成本控制风险、投融资决策风险等。通过建立完善的财务管理体系,主题乐园可以有效地规避和控制这类风险。

【做中学、学中做】 请归纳总结主题乐园的财务风险,填写表 9-4。

表 9-4 主题乐园的财务风险

财务风险	详细描述

七、主题乐园发展中常见的财务风险

近年来,我国旅游业获得了巨大的发展,旅游业收入在国民经济中所占比重呈现逐年上升的趋势,行业整体发展前景良好。但是,在旅游业高速发展过程中也暴露出了一些财务管理上常见的问题。

(一) 财务管理目标不明确,对资源的利用缺乏计划性

当前,很多主题乐园都没有明确的财务管理目标,这导致其在资源开发过程中缺乏计划性,导致旅游资源开发程度不均衡,导致部分资源未得到充分利用,而部分资源因过度利用被破坏。

(二) 主题乐园运营方式不合理

很多主题乐园单纯依靠收取门票的方式盈利,不注重多种经营,这使得很多主题乐园

收益降低,从而严重限制了当地主题乐园的持续发展。

(三)缺乏有效的财务监督和控制手段

导致部分主题乐园财务管理工作混乱,严重影响了主题乐园经济效益的提升。

【做中学、学中做】 请归纳总结主题乐园发展中常见的财务风险,填写表9-5。

表9-5 主题乐园发展中常见的财务风险

财务风险	详细描述

八、新型主题乐园财务管理模式的构建

从上文的分析不难看出,当前我国旅游业整体发展状况并不理想,对各个主题乐园而言,其在盈利模式、财务管理和监督手段等方面都还存在一定的问题。基于上述现状和问题,一方面,主题乐园亟须建立新型的财务管理模式,明确财务管理目标,优化主题乐园盈利模式,以便提高主题乐园的盈利水平和盈利能力。另一方面,主题乐园亟须建立和完善相关监督手段来确保其各项经营管理活动的科学性和有效性。

(一)制定明确的主题乐园财务管理目标

主题乐园财务管理目标的设定应从多方面考虑。要明确主题乐园的生存目标,财务管理应努力使主题乐园经济效益的实现与各项支出保持合理的比例,保障主题乐园具有良好的偿债能力,确保主题乐园能够持续经营下去。主题乐园还应采取及时有效的措施,尽可能以较低的成本筹集到其发展所需的各类资金,确保主题乐园具有持续发展的经济基础。此外,要注重提升主题乐园的获利能力,财务管理应通过有效运作主题乐园各项资源,加速资金周转,提高资金利用率和盈利水平。主题乐园的发展除了关注自身经济利益外,还要高度重视其应承担的社会责任,通过财务管理活动兼顾经济效益和社会效益,树立稳定良好的主题乐园形象,为自身的发展创造更好的外部条件和环境。

(二)明确主题乐园财务管理工作的要点

主题乐园财务管理工作的开展必须依赖于明确的财务管理目标,只有目标明确,主题乐园财务管理部门才能根据主题乐园现状和自身特点,合理安排其各项经济活动,而在财务目标之下,要灵活开展各项财务活动还必须要明确财务活动的各项要点。对于主题乐园而言,其财务管理的基本要点主要包括四点。第一,根据主题乐园规模等级、接待能力,对资金的运作进行合理规划,选择适合自身特点的会计核算制度和内控制度,协调内部各项财务关系。第二,根据主题乐园客流量情况,制定符合主题乐园各项消费支出水平的资金预算方案,并根据预算方案选择合理的筹资方案,合理安排现金流量,确保主题乐园具有充足的现金流,避免因财务规划不合理使主题乐园面临财务风险。第三,完善会计核算

制度。主题乐园的财务核算虽然与一般主题乐园有所差别,但是其基本原理是一致的,主题乐园应根据自身经营特点设置符合其日常财务需求的会计科目,并严格按照各项会计准则的要求进行财务核算。第四,完善财务控制和监督制度。在主题乐园内部,必须建立完整的财务监督制度,不能因其财务活动较为简单就忽视了对财务信息的监督。

（三）建立新型主题乐园盈利模式

主题乐园要持续盈利的关键在于,一方面,可以采取各类营销手段吸引更多的游客到主题乐园游览消费,特别是要注重在旅游淡季时吸引到足够的游客,以便主题乐园能够获得稳定资金流,从而不至于陷入经营困境。另一方面,通过合理安排和控制劳动力成本、物资采购成本等手段来降低营运成本。在实践中,主题乐园可从以下方面来进行具体操作。

1. 建立灵活的主题乐园价格体系

我国很多主题乐园门票定价较高,这在很大程度上阻止了一部分游览意愿不强的游客,加之主题乐园内商品和餐饮的价格也大大高于市场价格,游客很少在园内消费,整体算下来主题乐园获得的收益大多数来自于门票收益,其他方面的收益十分有限。基于这种情况,我国可以适当借鉴国外主题乐园的经验,制定灵活的门票价格体系。如英国伦敦动物园门票成人 10 英镑、学生 8.5 英镑、儿童 7 英镑,此外还有一种组合票,售价 30 英镑,可含 2 个成人和 2 个儿童,或 1 个成人和 3 个儿童。通过这种灵活的定价策略能够吸引更多不同层次的游客,增加主题乐园的综合性收入。具体到实践中,主题乐园可以制定分级价格体系,每一等级的票价对应不同的游览项目,游客可根据自己的爱好选择自己喜欢的游览项目,也可根据自己的经济条件选择不同等级的价格门票。此外,还可以通过调低门票价格来吸引更多游客,并引导游客到主题乐园内商店和餐厅进行消费,通过特色餐饮、特色纪念品等服务项目来提高主题乐园的综合效益。

2. 完善游客管理体系,提升游客消费体验

旅游可以通过以下几种方式进行游客管理。第一,建立游客信息管理系统,通过互联网为客户提供各类预订服务,这样主题乐园能够在消耗更低成本的条件下获得更多的收入,同时这种方式还可以有效地吸引到更多的潜在游客,从而提高主题乐园的综合收益。第二,对园内游客行为进行实时分析,并根据游客行为调整主题乐园内设施布置和景点路线安排。主题乐园应对游客行为进行细致的分析,以便了解游客在不同景点上停留的时间以及其对不同景点的偏好程度,并通过对游客游览行为的分析,制定更为合理的游乐项目设置方案,从而有效控制游客游览节奏、提升游客游览体验。例如,某主题乐园内特色民俗歌舞表演的时间是上午 11 点,表演时间大约 40 分钟就可结束,在表演场旁边设置一个民俗特色餐厅,可以有效吸引游客在看完表演后就近就餐。通过这样的安排既增加了游客在园内的餐饮消费,还可以减少主题乐园内工作人员疏导游客的工作量。第三,对主题乐园内情况进行实时监督和管理。主题乐园员工要定期汇报园内的情况,如餐饮和商店的营业收入、游客的消费偏好、游客在主题乐园内的流动、游客游览项目的等候时间是否过长、主题乐园的环境卫生是否干净等,这样有利于主题乐园管理者更为全面地了解游客需求,对主题乐园内各类资源进行优化配置,从而提高主题乐园的整体盈利水平。

【做中学、学中做】 请归纳总结新型主题乐园财务管理模式的构建,填写表 9-6。

表 9-6 新型主题乐园财务管理模式的构建

财务管理模式	详 细 描 述

九、主题乐园规范财务管理工作的监督手段

对于主题乐园而言,良好的财务管理模式和有效的监督手段是其持续盈利的关键所在。

（一）制定科学的主题乐园成本费用管理机制

主题乐园成本费用管理是其财务管理的主要内容,只有在提高收入的同时,有效控制和降低各类成本,才能确保主题乐园能够持续增加盈利。因此,主题乐园财务监督的一个重要方面就是要严格做好成本管理工作,通过制定科学严谨的成本管理机制,能够最大限度地控制主题乐园各类成本。具体到实践中,可以采取预算控制法、主要消耗指标控制法、保本点分析法等方法来综合对主题乐园各类成本进行测算和预算,以便达到成本控制的目的。针对主题乐园特点,成本费用管理应主要针对主题乐园内设备的维修维护保养、各类材料物资的采购、验收、保管等方面进行控制。

迪士尼在控制成本方面也有独特之道。如美国电影业制作一部电影的平均成本高达 1800 万美元,而迪士尼电影制片厂的平均成本仅为 1450 万美元,该电影制片厂为保持较低成本坚持不请身价昂贵的明星,而代之以创作最受欢迎的剧本。

（二）建立主题乐园内部审计机构,适当借助外部审计力量

为了保证各项财务活动的规范性,主题乐园应设立专门的内部审计机构,对主题乐园内各类财务活动进行有效监督。具体的应针对主题乐园发生较为频繁、涉及数额较大的财务事项进行审计,并将审计结果直接向主题乐园管理者报告,以便及时处理各类财务问题,确保财务管理工作质量,避免各类内部违规行为的发生。主题乐园在加强内部审计的同时,还可以适当借助外部审计力量来弥补内部审计监督的局限性。具体可以借助政府财政、审计、税务部门,或审计事务所等机构来对重点项目进行审计,以便使主题乐园财务管理工作更为规范。

（三）提高主题乐园财务管理信息化程度

随着信息时代的到来,信息已成为市场经济活动的重要媒介。旅游业由于其受到时间和地域的限制,对信息的依赖程度较高,因此主题乐园应继续提升自身的财务管理信息化水平。第一,主题乐园财务管理部门要不断扩大财务信息的收集范围,建立完善的财务

信息收集、整理和反馈流程,通过对财务信息的系统化管理来保障其传递效率和质量,以便提升整体决策水平。第二,通过信息化手段提高预算、结算、监控等财务管理工作效率,及时处理各项财务事项,及时发现潜在的财务风险并对风险予以解决。第三,主题乐园财务人员应树立信息化理念,关注一切主题乐园相关外部信息,并利用信息化手段全面准确地搜集、分析和利用各类信息,为主题乐园的财务决策和资金运筹提供有效依据。

（四）配备具有较高专业素质与职业道德的主题乐园财务管理人员

要完善主题乐园财务管理工作,必须加强对财务管理人员素质的提升。一方面,要通过组织各类专业培训,不断更新和补充财务人员的财税知识,提升专业岗位技能。另一方面,要不断强化财会人员的法律意识和职责意识,保障其能够坚持依法办事,严格按照各项财经法规和旅游财务工作的规定做好主题乐园的财务管理工作,认真核算财务事项,保证资金的安全。此外,可适当引入竞争机制,开展岗位竞聘,严格岗位考核,实行财务人员定期交流轮岗制。

对于主题乐园而言,其要实现持续盈利和不断发展,决不能墨守成规,必须不断寻求新的发展模式和发展方向。财务管理作为主题乐园持续发展的基础性工作,必须与主题乐园发展密切相关,充分利用先进的经营理念和管理手段。主题乐园财务管理应从成本管理、盈利能力管理、内部控制管理、风险管理等多个方面综合入手,从而真正实现主题乐园与自然环境的和谐发展,使旅游业成为真正意义上的朝阳产业和无烟工业。

【做中学、学中做】 请归纳总结主题乐园规范财务管理工作的监督手段,填写表9-7。

表9-7 主题乐园规范财务管理工作的监督手段

监督手段	详细描述

十、主题乐园的盈利模式种类

现代主题乐园的盈利模式主要有以下几种,主题乐园的经营过程中有的只运用了其中一种模式,有的将其中几种模式进行了综合运用。

（一）主体经营模式

主体经营模式是以谋求主题乐园的利润增长为核心,将经营重心放在不断更新、完善游乐设施,提供更加优质的服务上,从而不断提升游客的满意度。随着主题乐园类主题乐园的发展,主体经营模式也在不断改进。主题乐园将门票调整为弹性制,不同时间段票价不同,例如设立日间票价和夜间票价；不同群体票价不同,例如设立学生票、成人票以及老人票。某些主题乐园还与网络电商平台合作,设立团购票价。这些弹性制的票价大大提高了游客的关注度,增大了主题乐园的游客量,提高了主题乐园的主要收益。

(二)"旅游+地产"模式

"旅游+地产"模式是当今备受关注的盈利模式之一,是大部分现代主题乐园类主题乐园采用的盈利模式。主题乐园主要经营主题乐园与旅游地产两项产业,两者相辅相成,为主题乐园带来巨大的收益。一方面,主题乐园通过主题乐园的建立,拥有广阔的土地。借助主题乐园的影响力,提升所在区域的人气,带动周边的物流、资金流、信息流,从而为建立酒店、房产提供了前提条件。如今运用该模式的主题乐园类主题乐园不断壮大地产规模,致力开发以主题乐园为载体,加入运动场等休闲要素的度假基地,从而更大地满足游客的需求。另一方面,主题乐园带来的人气,使得附近土地的地价增值,为主题乐园进行房地产的开发奠定了良好的基础,主题乐园的盈利能力远远高出主体经营模式下的主题乐园。

(三)"旅游+文化"模式

随着人们物质生活水平的提高,精神需求也越来越高。主题乐园为满足游客的精神需求,越来越多地加入了文化要素,使游客在旅游的过程中可以吸收文化的营养。"旅游+文化"模式是在主题乐园中加入文化形式的服务,以文化为特色进行打造,从而吸引游客的关注。该模式下的主题乐园类主题乐园的收入多为门票收入和文化服务收入。

(四)"旅游+科技"模式

随着科学技术的高速发展,主题乐园类主题乐园将其应用于游乐产品的开发,开辟了主题乐园盈利的新模式。主题乐园运用计算机、声光电、人工智能、自动控制、数字技术等高科技,为游客打造出形象逼真的游戏模拟环境以及生动可爱的主题形象。科学技术的融入大大抢占了传统主题乐园的市场,获得各类游客的关注,提高了游客的游园率。科学技术的涉入为主题乐园类主题乐园的业务拓展也开辟了一条新道路。当今社会的发展早已离不开科学技术,无论是生产类行业还是服务类行业,都存在科学技术的影子。因此,拓展科技研发行业领域,对于主题乐园乃至整个主题乐园的发展都是非常有利的。

(五)品牌乘数模式

品牌乘数模式是主题乐园长期经营的最佳模式,也是经营的必然趋势。在该模式的引导下,主题乐园借助自身巨大影响力的优势,塑造并壮大自己的品牌,从而方便主题乐园运用自有品牌,延伸进入更多的相关行业领域。也就是说,主题乐园可以凭借品牌的影响力,扩大主题乐园的经营范围,从而壮大主题乐园的规模,为长期经营打下坚实的基础。品牌乘数模式的发展必须要经历三个阶段:品牌创建、品牌壮大以及品牌维护。品牌创建就是确定品牌特色的基础上,将品牌向游客推广的过程。品牌壮大是在游客接受品牌后,主题乐园充分应用品牌的影响力,拓展主题乐园的经营范围,延伸至相关领域,使品牌的市场更加广阔,也使品牌的寿命更加长久。品牌维护就是当品牌占有一定市场地位时,重点保护品牌的权益不被侵犯,品牌的优势不被竞争者削弱的过程。

东京迪士尼是迪士尼公司唯一不拥有所有权、不负责经营的主题乐园,迪士尼公司向一家日本公司颁发了经营许可证,收取专利费,此举减少了经营风险和财务风险。

【做中学、学中做】 请归纳总结主题乐园类主题乐园的盈利模式种类,填写表 9-8。

表 9-8　主题乐园类主题乐园的盈利模式种类

盈利模式	详 细 描 述

课中实训

实训项目	以小组为单位,选择附近的主题乐园,调查财务管理原则、旅游财务管理目标、财务管理内容、盈利模式种类、常见的财务风险,分析财务管理的现状,并对财务管理提出改进意见
实训目标	1. 加深对财务管理原则、旅游财务管理目标、财务管理内容、盈利模式种类、常见的财务风险的认知; 2. 了解财务管理方法、规避主题乐园的财务风险的方法和新型主题乐园财务管理模式构建的方法以及主题乐园规范财务管理工作的监督手段的现状; 3. 结合课中学习内容,掌握财务管理的优化方法
实训地点	
物料准备	相机或者可以摄像的手机、笔记本、笔等
实训过程	1. 被调查主题乐园财务管理原则、旅游财务管理目标、财务管理内容、盈利模式种类、常见的财务风险内容? 2. 被调查主题乐园财务管理有哪些特点? 3. 被调查主题乐园财务管理存在哪些问题? 4. 被调查主题乐园财务管理可以从哪些方面进行提升?
实训总结	通过完成上述实训项目,你们学到了哪些知识?

实施人员	组长：	成员：
实训成绩	实训考勤(20分)	
	小组组织(20分)	
	项目质量(60分)	
效果点评		

课后拓展

主题乐园管理中的"一、二、三、四"

在我国主题乐园迅速崛起的当下,如何有效地进行经营管理,受到越来越多的人关注。通过多年主题乐园经营管理实践和理论研究,我总结出主题乐园管理的"一、二、三、四"。

1. 一个战略：经营战略

经营战略是主题乐园生存、发展的方向,没有正确的战略指导,其发展必然盲目无序。主题乐园经营应立足于旅游市场需求,充分借鉴国内外成功主题乐园及相关行业管理战略。特色是主题乐园的生存之道,创新是主题乐园的发展之本,科学的竞争战略,能让主题乐园建立起进退自如、游刃有余的优势,在竞争中取胜并赢得较高的投资回报。经营方式、经营理念、经营机制、活动内容及经营组织、市场开发等全方位的创新战略,是主题乐园发展壮大的力量源泉和可持续发展的必然选择。要持续保持其对旅游者强大的吸引力,就必须在产品经营上不断创新。例如,"硬"件的创新,即适时更新游客失去兴趣的内容。针对游客需求增添新的内容及项目,让游客常见常新,而乐于重游。"软"件的创新,则要求适时更新大型娱乐活动内容。由于主题乐园普遍采用"观光(景物)＋观赏(表演)"的设计手法,大型的演出活动是吸引游客的重要活动内容,仅仅提高演出质量,是很难做到让人们百看不厌的,只有演出节目形式、内容不断创新,即常演常新,才能提高游客的观赏体验和互动效果。

2. 两种经营：产业经营和资本经营

主题乐园取得收益的途径有两个：一是主题乐园产业经营回报,即通过主题乐园的常规营业,而获取的常规性营业收入,收入来源于门票收入、餐饮、商品经营及园内的其他经营性收入。二是景区资本经营回报,即把整个公园投入资本形成的增值后的产权,作为商品出售或发行股票上市,而取得的回报。它通过完成资本投入、资本培育、资本转让或股份转让,形成资本增值循环过程。作为一个有远见的经营实体,如果能够把主题乐园的产业经营和资本经营结合起来,在操作方向、时机、规模上把握得好,就能够获得巨大成功,并能让资本规模迅速扩大。

3. 三项管理：质量、人本、财务

任何人力资源的使用和经济资源的充分利用,都离不开有效管理,管理控制是主题乐园运作的核心。在主题乐园经营管理中,质量经营是质量管理的最高境界,质量经营的核心是质量的控制和保证,全面质量管理是质量经营的精髓。因为主题乐园的服务、管理工作以最大限度使游客满意,最大限度获得利润为宗旨,所以对其质量经营要求更高。其一,主题乐园本身特性,决定其产品是以服务形式表现出来的,其特殊性在于,它本身带有感情色彩,它提供人对人的服务。其二,主题乐园制定的服务规范,解决了技术和标准问题,但在感情交流方面无法用服务规范来规定。其三,现代管理理论把经营归结于人,管理应从人入手。由此人本管理是主题乐园管理控制的核心,在全面质量管理中,只有坚持以人为本,充分理解被管理者的要求和愿望,尊重、关心、帮助、信任员工,员工才会贡献才智,付出自己的情感,全面质量管理方能落到实处。人本管理着重"人",财务管理侧重于"物",毋庸置疑,一个主题乐园财务管理水平高低,决定其整体管理水平。现代的财务管理,不再是实物管理而是价值管理,用资金、货币等价值形式,来描述主题乐园整个经营全过程,管理者观察资金的运转,运用各种财务工具对资金的筹集、投放、运用和回收四个环节进行控制。

4. 四个实施:二权分离、系统组织、品牌营销、企业文化

(1) 二权分离:即经营权与所有权相分离。由于我国的主题乐园大多在开发建设时,实行谁投资、谁管理、谁受益的模式,从而形成多行业介入,有的则是多头管理,造成"一个媳妇多个婆",都有"指手画脚"权,直接约束了经营管理者手脚,由于不适应新形势下市场经济的客观要求,产生了很多弊病。主题乐园的经营权和所有权分离并不是要求所有权方撒手不管,经营者将主题乐园经营成为自己的独立王国,而是要求所有权方尽力为经营管理者创造宽松良好的经营环境,除涉及主题乐园重大项目的扩建改造、发展,财务预决算等重大问题需要主要负责人确定以外,所有权方对日常经营活动不应进行干涉,唯此经营才能让管理者放开手脚、大胆管理,管理者才有发挥自己才能的空间和机会,积极性被充分调动起来,整个主题乐园的经营管理活动方能正常进行,才有可能向管理要效益,从而最大限度地保证投资者的收益。

(2) 系统组织:实施系统组织是从系统观念出发,根据主题乐园规模大小、服务项目多少、接待对象及接待水平高低要求设计组织机构,使之形成上下贯通、横纵双向、协调信息通畅、指挥灵便的组织管理系统。把主题乐园管理中的相互联系的工作,组成系统分别管理,其中决策系统由主题乐园总经理办、人事部、计财部组成,由总经理及部门负责人对涉及公园经营与发展的重要问题做出决策;协调系统,由行政部门及各主要部门间组成协调系统,主要维护企业与社会、行业、主管上级的生存环境关系,对员工进行业绩考核、专业培训、工作安排和生活安置;市场系统以营销部门为主,主要任务是了解市场需求,开辟客源市场,收集各种信息,及时提出应变措施,并且要善于运用各种媒介进行公关宣传、促销活动,使主题乐园有的放矢地开展经营活动。管理运作系统由经营部、管理部、导游部、后勤部、保安部、环卫部等组成,对日常经营管理活动负责,保证公园良好的经营状态,组织协调各职能部门的日常工作,在充分满足客人要求基础上,努力提高经济效益;督导反馈系统由公园督导部门、各班组督导人员组成,主要贯彻落实主题乐园为实现经营目标而制定的各种规章制度和方针政策,对员工的工作进行监督和指导。同时负责将工作情况、员工意见和建议、工作中出现的问题等信息反馈给上级管理者,为管理者决策提供依据。

(3) 品牌营销：实施品牌营销是主题乐园决胜的关键，主题乐园应面向市场，积极进取，勇于竞争并围绕让游客满意为宗旨，完结这一目标来开展各方面工作。要树立产品"唯我独尊"的思想，争创名牌旅游产品，促进主题乐园在竞争中生存和发展的能力，实施品牌营销应根据市场需求，结合自身的实际情况进行调研。市场需求是第一位的，市场又是千变万化的，要创名牌，必须掌握市场变化，适应游客需求，同时，还要摸清自己的优势、管理水平及经营现状，在此基础上，制定自身品牌营销战略，将产品质量看成是挤占市场的关键，靠过硬的质量，在广大游客心目中树立良好的形象，赢得游客满意，特别是在营销上，要打出品牌闯市场，旅游产品的品牌是在"打"入市场时"闯"出来的，所以应加大广告宣传力度，充分发挥新闻媒介的作用，形成轰动效应。建立充满活力的市场营销机制，巧妙运用营销组合，特别是借助网络新媒体，"两微一抖"和"今日头条"等热门的新媒介，进行全方位营销，在营销上注重实效性和针对性，以最少的花费获得最佳效果。在促销策略上应巧借品牌优势，进行奇思妙想，适时实施价格促销策略、赠品促销策略、返还促销策略、噱头促销策略、积分奖励促销策略。

(4) 企业文化：不仅是一种文化现象，更是一种管理思想，它能起到提高管理水平、管理效益的作用，它突出管理思想强调职工是企业实现一切目的的源泉。因此，建立自己的企业文化是主题乐园生存与发展的必要条件。一个成功主题乐园，其经营管理的内核总是蕴含着独具特色文化。其表层可见于形，闻之有声，触之有觉。其从里层到体制组织结构、规章制度等中所反映出来的指导思想其核心是精神文化，包括理想信念、价值取向、经营哲学、行为准则等。良好的企业文化是职工发挥主动性、积极性的前提，其精髓是企业价值观。在决策正确、目标明确的前提下，让全体职工都知道应该干什么和怎样干，以共同的价值观去建立一种共识，建造一个命运共同体，它是经营管理中一只看不见的手，它通过人们共识而对管理系统产生调遣力，对管理要素产生协调力。优秀的主题乐园企业文化是主题乐园的无形资产，它能够造就高适应性、高凝聚力、高美誉度景区，更能够造就智慧的群体。实施企业文化建设是主题乐园的生命灵魂。

（资料来源：丁盟. 主题乐园管理中的"一、二、三、四"[EB/OL]. https://mp.weixin.qq.com/s/Dx2KQsyhGajg1L98IBxweQ.(2018-11-17)[2020-09-20].)

思考：请调查周边地区主题乐园管理的现状，了解主题乐园管理的得失，请思考如何加强与优化主题乐园的管理？

参考文献

[1] 董观志.主题乐园管理原理与实务[M].广州:广东旅游出版社,2000.
[2] 董观志,张颖.旅游+地产——华侨城的商业模式[M].广州:中山大学出版社,2008.
[3] 郑维,董观志.主题乐园营销模式与技术[M].北京:中国旅游出版社,2005.
[4] 高小华.旅游产品体验性设计[D].扬州:扬州大学,2008.
[5] 迪士尼.迪士尼传[M].太原:山西经济出版社,1998.
[6] 施密特.体验式营销[M].北京:中国三峡出版社,2001.
[7] 科特勒.旅游市场营销[M].大连:东北财经大学出版社,2006.
[8] 李志飞.主题乐园开发[M].北京:科学出版社,2000.
[9] 中国报告大厅.主题乐园行业市场调查分析报告[R].2022.
[10] 胡梅林,关山,陈文,等.中国将进入大型主题乐园发展新时期[J].华侨城,2008(14).
[11] 保继刚.深圳珠海大型主题乐园布局研究[J].热带地理,1994(3):266-272.
[12] 保继刚.珠江三角洲主题公园发展回顾[J].桂林旅游高等专科学校学报,2002(2):15-19.
[13] 保继刚.主题乐园发展的影响因素系统分析[J].地理学报,1997(3):237-245.
[14] 高莉俊.体验视角下主题乐园产品开发研究——以苏州格林乡村公园为例[D].上海:复旦大学,2013.
[15] 王宁.论主题乐园的开发操作[J].城市规划汇刊,1997(4).
[16] 文立玲.主题乐园走向何方——21世纪中国主题乐园发展论坛纪要[J].旅游学刊,2002,17(4).
[17] 杨丽红.主题乐园财务风险探析[J].现代商业,2008(24).
[18] 王春丽.主题乐园财务管理研究[J].经济研究导刊,2009(32).
[19] 周向频.主题乐园建设与文化精致原则[J].城市规划汇刊,1995(4):13-21.
[20] 柳森森.中国主题公园何去何从[N].中国社会科学报,2011(7):19.
[21] 倪健民.组织力[M].北京:人民出版社,2009.
[22] 曹锋.地域文化主题乐园规划设计研究[D].西安:西安建筑科技大学,2008.
[23] 陈淮.主题乐园发展城市化战略及产业结构调整[J].北京规划建设,2003(5):11-12.
[24] 池雄标.主题乐园与城市发展的良性互动[J].开放导报,2002(6):42-43.
[25] 董观志,李立志.近十年来国内主题乐园研究综述[J].商业研究,2006(4).
[26] 董观志,刘芳.旅游景区游客流时间分异特征研究——以深圳欢乐谷为例[J].社会科学家,2005(1).
[27] 董观志,梁彦明.基于游客体验的旅游产品设计[J].江苏商论,2005.
[28] 董观志.主题乐园发展的战略性趋势研究[J].人文地理,2005(2):43-47.
[29] 肖旭,赵宏,梁莉丹.现代主题乐园组织管理创新[M].广州:中山大学出版社,2007,1.
[30] 朱选功.创业经济学[M].北京:中共中央党校出版社,2005,2.
[31] 中国报告网.中国主题乐园行业运营态势与发展规划分析报告(2013—2017).
[32] 中国产业调研网.中国主题乐园行业发展趋势及投资预测报告(2015—2020).
[33] 关霜,白仙.基于游客体验的主题乐园产品开发研究[J].现代商贸工业,2009(22).
[34] 郝美田,李静.国内外主题乐园发展研究动态[J].西部林业科学,2012(6):119-123.
[35] 贾秉瑜.体验经济视角下旅游产品体验性研究[D].北京:北京第二外国语学院,2007.
[36] 江磐.主题乐园或成新趋势[J].城市开发,2011(3):65.
[37] 姜国芳.中美主题娱乐公园营销战略对比研究[D].北京:对外经济贸易大学,2005.

［38］金波,张茵.世博会后昆明世博园的可持续发展[J].云南社会科学,2001(4).
［39］李春生.我国城市主题乐园的发展与创新[J].城市问题,2005(6).
［40］李沐纯.体验经济与主题乐园的产品创新[J].商场现代化,2005(10).
［41］李天元.欧洲迪士尼项目开发的历史教训[J].旅游学刊,2004(6):73-76.
［42］北京大学文化产业研究院.中国文化旅游产业报告(2015).
［43］卢松,杨兴柱,唐文跃.城市居民对大型主题乐园旅游影响的感知与态度——以芜湖市方特欢乐世界为例[J].旅游学刊,2011,26(8).
［44］魏峰群.论旅游驱动型房地产经济的发展——以深圳华侨城西安曲江房地产开发为例[J].城市规划,2006,30(5).
［45］董红梅.旅游产品开发存在的问题及改进[J].产业观察,2006.
［46］马志民.人造景观的实践与体验[J].深圳大学学报(社会科学版),1995,12(4).
［47］窦清.论旅游体验[D].南宁:广西大学研究生处,2003.
［48］陈薇,遇娜.主题乐园营销流程及推广策略[J].商业时代.
［49］布衣公子[EB/OL].http://www.tuxi.com.cn/viewtsg-12-1005-20-428043_239652009.html.
［50］贺荣梅,林峰.主题乐园成功营销的九大策略.绿维创景规划设计院 主题乐园规划设计中心[EB/OL].http://www.szzs360.com/shop/1005/news-detail/news-detail-5188.html.
［51］邓剑琴.迪士尼公司投融资行为分析[J].上市公司,2002.
［52］王鹏.一个人的帝国——迪士尼盛衰[EB/OL].http://www.businessweek.com.
［53］宋祎.主题乐园的特点[EB/OL].http://www.hi.chinanews.com/hnnew/2010-01-20/59316.html.
［54］沈波.创意内容整合渠道扩展产品——中华恐龙园的10年之路[N].常州日报,2010-09-23(A02).
［55］李翔宇.中国主题乐园开发现状及对策研究[J].九江学院学报,2005(3):59.
［56］于梦颖.中国主题乐园的发展[J].现代商业,2010(21):163.
［57］李志辉.我国主题乐园如何实现创意化[J].硅谷,2009(15):169.